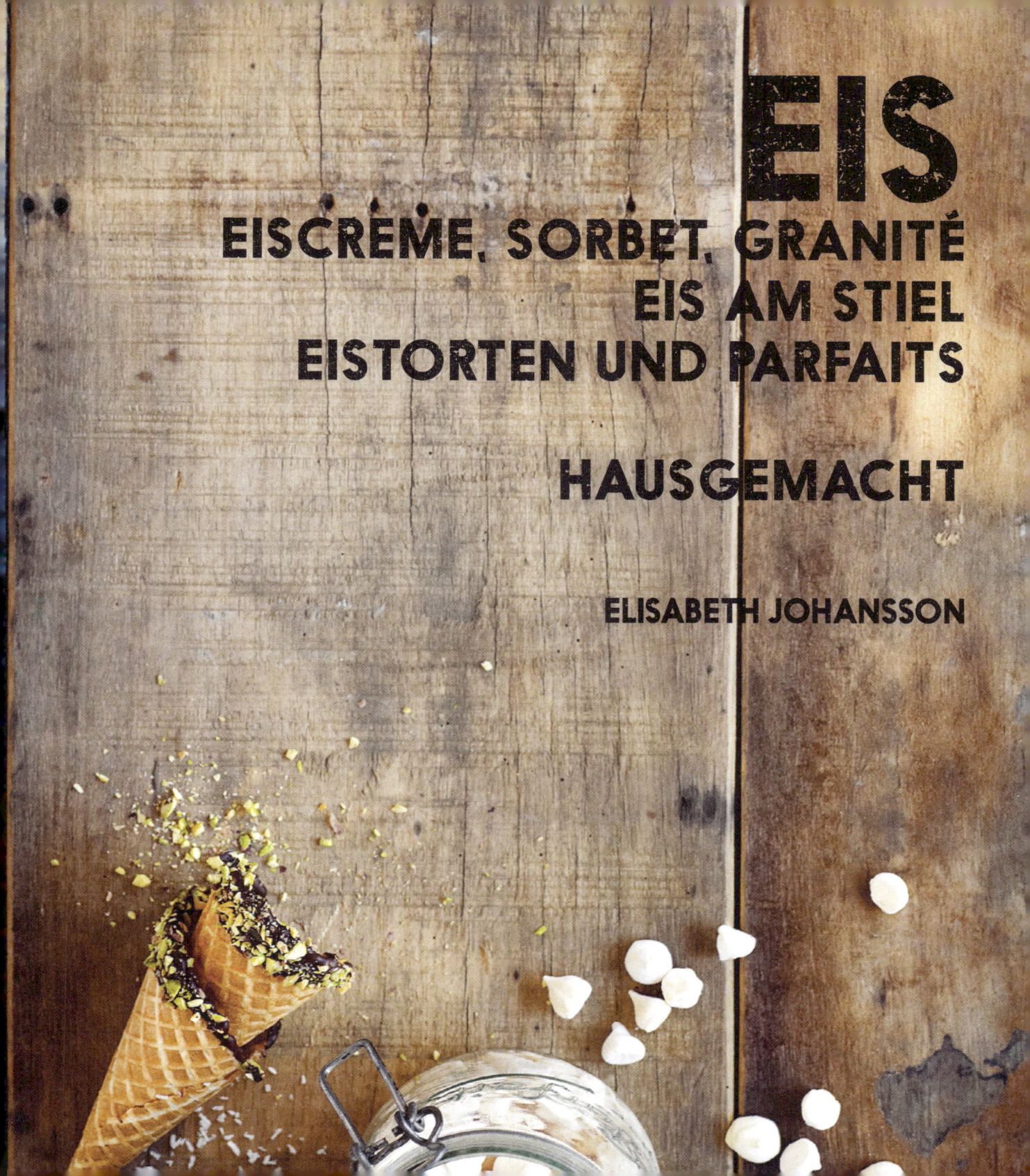

EIS

EISCREME, SORBET, GRANITÉ
EIS AM STIEL
EISTORTEN UND PARFAITS

HAUSGEMACHT

ELISABETH JOHANSSON

Willkommen!

Eis zuzubereiten habe ich immer schon geliebt, daher war es mir ein riesiges Vergnügen, dieses Buch machen zu dürfen. Zusätzlich motiviert hat mich, dass es inzwischen sehr beliebt geworden ist, Eis selbst herzustellen. Denn nur bei hausgemachtem Eis kennt man alle Inhaltsstoffe und kann zudem seine ganz eigenen kreativen Varianten entwickeln.

Besonders spannend ist es für mich, Ihnen einige Paleta-Rezepte vorstellen zu dürfen. Paletas sind in ihrem Ursprungsland Mexiko überaus populär; man kauft sie dort an einfachen kleinen Eisbuden an der Straße oder macht sie selbst. Es handelt sich dabei um ein Eis am Stiel, das aus frischem Obst und Fruchtsaft hergestellt wird. Darüber hinaus präsentiere ich Ihnen ein paar Eis-am-Stiel-Rezepte, die auf klassischen Drinks basieren und die man zu einem Sommerfest als außergewöhnlichen »Aperitif« reichen kann. Zudem verrate ich Ihnen auch einige lohnenswerte Rezepte für cremiges Eis am Stiel und Ice Pops, jene Eis-Lollies, die man in trendigen Eiscremebars in New York schleckt.

Selbstverständlich dürfen auch Rezepte für klassische Eiscreme in vielen verschiedenen Geschmacksrichtungen nicht fehlen. Dazu gibt es eine schöne Auswahl an Parfait-, Semifreddo- und Frischkäseeis-Zubereitungen. Nicht zu vergessen farbenfrohe Eisterrinen und Eistorten, die einfach herzustellen sind, aber immer sehr viel Eindruck machen. Schließlich gibt es noch ein Kapitel mit Eis, das ohne Milch oder Ei hergestellt wird. Und selbstverständlich darf auch das Drumherum wie Saucen, Gebäck und Streusel nicht fehlen.

Ich hoffe, Sie werden an diesem eisigen Buch viel Freude haben!

Elisabeth Johansson

Eiscreme

Selbst gemachte Eiscreme ist ein ganz besonderer Genuss. Beim Erwärmen der Zutaten sollte immer ein Thermometer verwendet und der Topf vom Herd genommen werden, sobald die Mischung 84–85 Grad erreicht hat. Sie darf nicht kochen, denn sonst gerinnt das Ei – und statt Eis können Sie dann nur »Rührei« servieren ... Falls Sie kein Thermometer besitzen, erhitzen Sie die Masse eher zu wenig als zu viel. So wird die Eiscreme vielleicht nicht ganz so cremig, misslingt aber sicher nicht.

Ich lasse die Eismasse oft über Nacht im Kühlschrank durchziehen, damit die im Ei enthaltenen Proteine genügend Zeit haben aufzuquellen; dadurch wird die Masse cremiger und geschmeidiger. Man kann die Masse aber auch ohne Ruhephase in die Eismaschine geben, dann muss sie aber zuvor gut heruntergekühlt werden. Eine Ausnahme bildet Schokoladeneis, das auch ohne Ruhephase schön cremig wird.

Das Eis ist fertig und kann aus der Eismaschine genommen werden, sobald die Konsistenz fest und cremig ist. In einer haushaltsüblichen Eismaschine dauert es zwischen 20 und 50 Minuten, bis ein Liter Eis die gewünschte Konsistenz hat. Das kann von Gerät zu Gerät stark variieren. Vor dem Servieren sollte die Eiscreme ein bis zwei Stunden tiefgekühlt werden. In größeren Eismaschinen mit besserer Gefrierleistung lassen sich auch mehrere Liter Eis innerhalb von ein paar Minuten herstellen, und man kann das Eis auch sofort essen!

Wenn Sie keine Eismaschine haben, müssen Sie die Eismasse während des Gefriervorgangs zwei- bis dreimal durchrühren. Das Resultat wird dann allerdings nicht ganz so cremig. In diesem Fall empfehle ich Ihnen stattdessen meine Parfaits oder Frischkäseeissorten (siehe Seite 41ff.).

In meinen Rezepten verwende ich immer fettreduzierte Milch mit 1,5 bis 3 Prozent Fettanteil. Bei Milch mit weniger Fett (z. B. Magermilch) bleiben im Eis viele Eiskristalle spürbar. Hausgemachtes Eis hält sich im Gefrierfach mindestens drei bis vier Monate. Soll es länger aufbewahrt werden und sind frische Beeren darin enthalten, empfiehlt es sich, zunächst einen Zuckersirup herzustellen (siehe Seite 144). Die Beeren werden dann in die noch lauwarme Zuckerlösung gelegt und ein paar Stunden darin ziehen gelassen. Dann abseihen und die Beeren unter die Eismasse heben. Durch den Zucker gefrieren die Beeren nicht so stark durch und halten länger. Die meisten Rezepte in diesem Kapitel ergeben etwa einen Liter Eiscreme.

VANILLEEIS

Für 6–8 Portionen

1 Vanillestange
400 ml Milch
300 ml Rahm (Sahne)
6 Eigelb
160 g Zucker

Die Vanillestange längs aufschlitzen und das Mark herauskratzen. Milch, Rahm, Vanillestange und -mark in einem Topf mit dickem Boden aufkochen. Dann vom Herd nehmen. Eigelbe und Zucker in einer separaten Schüssel schaumig schlagen. Die heiße Rahm-Milch-Mischung in gleichmäßigem Strahl unter ständigem Rühren zur Eimasse gießen, wieder in den Topf umfüllen und unter Rühren auf 85 Grad erhitzen, bis die Masse andickt. Vom Herd nehmen; sie darf nicht kochen!

Die Eismasse in einen Behälter füllen und am besten über Nacht im Kühlschrank ruhen lassen. Andernfalls vor dem Gefrieren in der Eismaschine 5–10 Minuten tiefkühlen. Die Masse durch ein Sieb abseihen und in der Eismaschine gefrieren lassen. Die Eiscreme in eine Schüssel füllen und vor dem Servieren 1–2 Stunden tiefkühlen.

HIMBEEREIS

Für 6–8 Portionen

1 Rezeptmenge Vanilleeis
300 g Himbeerpüree von pürierten, durchpassierten Himbeeren
60 g frische Himbeeren, nach Belieben

Die Vanilleeismasse mit dem Beerenpüree verrühren und in der Eismaschine gefrieren lassen. In einen Behälter füllen und mit frischen Himbeeren bestreuen. Das Eis vor dem Servieren mindestens 1 Stunde tiefkühlen.

ERDBEEREIS

Für 6–8 Portionen

1 Rezeptmenge Vanilleeis
300 g Erdbeerpüree von frischen pürierten Erdbeeren

Die Vanilleeismasse mit dem Beerenpüree verrühren und in der Eismaschine gefrieren lassen. Das Eis in einen Behälter füllen und vor dem Servieren mindestens 1–2 Stunden tiefkühlen.

»Wann genau das Speiseeis erfunden wurde, ist unklar. Es gibt allerdings Belege dafür, dass sowohl die alten Griechen und Römer wie auch die Chinesen schon eine einfache Art von Eis kannten.«

HAGEBUTTENEIS
MIT GERÖSTETEM MÜSLI

Für 6–8 Portionen

50 g Hagebuttenpulver (gemahlene
    Hagebuttenschalen, Apotheke oder
    Reformhaus)
1 Rezeptmenge Vanilleeis (siehe Seite 12)

GERÖSTETES MÜSLI
50 g Haselnüsse
50 g kernige Haferflocken
10 g Weizenkleie
30 g feine Haferflocken
70 g Sonnenblumenkerne
70 g Kürbiskerne
2 EL Raps- oder Sonnenblumenöl
2 EL Wasser
2 EL flüssiger Honig

Für das Eis das Hagebuttenpulver mit Eigelben und Zucker schaumig schlagen.
Dann gemäß Rezept Seite 12 weiterverfahren.

Für das geröstete Müsli den Backofen auf
175 Grad vorheizen. Ein Backblech mit
Backpapier auslegen.
Die Haselnüsse in einer trockenen Pfanne
rösten, bis die Haut zu reißen beginnt. Auf
ein sauberes Geschirrtuch geben und die
Haut abreiben. Nüsse, Flocken, Kerne und
Kleie auf dem Blech verteilen. Öl, Wasser
und Honig verrühren. Über die Müslimi-
schung träufeln, gut wenden und in der Mitte
des vorgeheizten Ofens etwa 25 Minuten
rösten. Gelegentlich umrühren. Auf dem
Backblech über Nacht auskühlen lassen.

MINZEIS

Für 6–8 Portionen

1 Rezeptmenge Vanilleeis (siehe Seite 12)
1 Handvoll frische Minzeblätter, gehackt
4–5 Tropfen Pfefferminzöl

Das Vanilleeis zubereiten und in der Eismaschine gefrieren, bis es kalt und cremig ist.
Dann Minze und Pfefferminzöl hinzufügen
und weiter gefrieren lassen. Das fertige Eis in
einen Behälter füllen und vor dem Servieren
mindestens 1 Stunde tiefkühlen.

GRÜNTEE-EIS

Für 6–8 Portionen

1 Rezeptmenge Vanilleeis (siehe Seite 12)
2 EL Matchapulver (gemahlener Grüntee)
1 Limette, fein abgeriebene Schale und
    1 TL Saft

Das Matchapulver mit Eigelben und Zucker
schaumig schlagen. Die heiße Rahm-Milch-
Mischung darunterrühren und alles auf
85 Grad erhitzen. Die Masse durch ein Sieb
abseihen und völlig auskühlen lassen.
Limettenschale und -saft hinzufügen. In der
Eismaschine gefrieren lassen. Das fertige
Eis in einen Behälter füllen und vor dem Servieren mindestens 1 Stunde tiefkühlen.

Hagebutteneis mit geröstetem Müsli

LEMON-PIE-EIS

Für 8 Portionen

LEMON CURD
25 g Butter
100 g Zucker
1½ Zitronen, abgeriebene Schale und Saft
1 Ei
1 Eigelb

VANILLESTREUSEL
40 g Butter
60 g Weizenmehl
2 EL Zucker
1 TL Vanillezucker

1 Rezeptmenge Vanilleeis (siehe Seite 12)
10 kleine Baisers (Meringues), zerstoßen

Für den Lemon Curd die Butter mit Zucker, Zitronenschale und -saft in einem Topf bei geringer Hitze schmelzen. Dann vom Herd nehmen. Ei und Eigelb in einer Schüssel verquirlen und unter kräftigem Rühren zur Mischung im Topf geben. Zurück auf den Herd stellen und köchelnd eindicken lassen; die Masse darf aber nicht kochen. Durch ein Sieb abseihen und bei Zimmertemperatur abkühlen lassen.

Für die Vanillestreusel den Backofen auf 175 Grad vorheizen. Die Butter würfeln und in einer Schüssel mit Mehl, Zucker und Vanillezucker krümelig verreiben. Die Streusel auf einem mit Backpapier ausgelegten Backblech verteilen und im Ofen etwa 10 Minuten goldbraun rösten. Herausnehmen und auskühlen lassen.

Das Vanilleeis in der Eismaschine gefrieren lassen. Das Eis abwechselnd mit Lemon Curd, zerstoßenem Baiser und Vanillestreuseln in einen Behälter schichten und vor dem Servieren mindestens 1 Stunde tiefkühlen. Zum Servieren Eiskugeln abstechen.

KARAMELL-PEKANNUSS-EIS

Für 6–8 Portionen

3 EL Rohzucker
100 g Pekannüsse
1 Rezeptmenge Vanilleeis (siehe Seite 12)
50–100 ml Karamellsauce (siehe Seite 142)

Den Zucker mit 1 Esslöffel Wasser in einem Topf zu Karamell schmelzen. Vom Herd nehmen und rasch die Nüsse daruntermengen. Auf einem Blatt Backpapier abkühlen lassen, dann grob hacken.

Das Vanilleeis in der Eismaschine gefrieren lassen, dann die Nüsse darunterheben. Das Eis abwechselnd mit der Karamellsauce in einen Behälter schichten. Vor dem Servieren mindestens 1 Stunde tiefkühlen.

BLAUBEEREIS

Für 6–8 Portionen

1 Rezeptmenge Vanilleeis (siehe Seite 12)
300 g Blaubeerpüree von pürierten
    frischen Blaubeeren
70 g ganze frische Blaubeeren, nach
    Belieben

Die Eismasse mit dem Beerenpüree verrühren
und in der Eismaschine gefrieren lassen.
Das Eis in einen Behälter füllen und nach
Belieben mit frischen Blaubeeren bestreuen.
Vor dem Servieren mindestens 1 Stunde
tiefkühlen.

SCHWEDENPUNSCHEIS

Für 6–8 Portionen

60 g Sultaninen
3 EL Schwedenpunsch
1 Rezeptmenge Vanilleeis (siehe Seite 12)
50 g Zartbitterschokolade (50–60 %
    Kakaogehalt), gehackt
50 g Haselnüsse, trocken geröstet (siehe
    Seite 15), gehackt

Die Sultaninen einige Stunden im Punsch
ziehen lassen. Das Vanilleeis zubereiten
und in der Eismaschine halb gefrieren lassen.
Die eingeweichten Sultaninen, Schokolade
und Haselnüsse hinzufügen und fertig gefrieren lassen.

MARONENEIS

Für 6–8 Portionen

1 Rezeptmenge Vanilleeis (siehe Seite 12)
1 EL ungesüßtes Kakaopulver
150–200 g Maronenmus (Fertigprodukt)

Das Vanilleeis zubereiten und dabei den Kakao
mit der Rahmmischung aufkochen. Sobald
die Masse lauwarm ist, das Maronenmus
unterrühren. Abkühlen und in der Eismaschine
gefrieren lassen. Das fertige Eis vor dem
Servieren mindestens 1 Stunde tiefkühlen.

STRACCIATELLAEIS

Für 6–8 Portionen

1 Rezeptmenge Vanilleeis (siehe Seite 12)
3 cl Marsala
100 g Zartbitterschokolade (50–70 %
    Kakaogehalt), gehackt

Das Vanilleeis zubereiten und in der Eis-
maschine fast fertig gefrieren lassen.
Den Marsala hinzufügen und das Eis zu
Ende gefrieren.

Die Schokolade in der Mikrowelle oder über
einem heißen Wasserbad schmelzen. Rasch
bei laufendem Motor zum Eis in die Eismaschine gießen und abschalten, sobald die
Schokolade sich in Splittern im Eis verteilt
hat (alternativ die Schokolade reiben und
unter das fast fertige Eis ziehen). Das fertige
Eis in einen Behälter füllen und vor dem
Servieren mindestens 1 Stunde tiefkühlen.

Blaubeereis

DULCE DE LECHE

Für 6–8 Portionen

1 Dose gezuckerte Kondensmilch (400 g)
1 Rezeptmenge Vanilleeis (siehe Seite 12)

Die Kondensmilchdose ungeöffnet in einem
Topf mit Wasser bedeckt etwa 3½ Stunden
köcheln. Danach ist der Zucker karamellisiert
und eine dicke Karamellcreme entstanden.
Die Dose abkühlen lassen, vorsichtig öffnen,
die Dose steht unter Druck, und den Inhalt
umrühren.

Das Vanilleeis zubereiten und in der Eismaschine gefrieren lassen. Abwechselnd
Eis und die Hälfte der Karamellcreme in
einen Behälter schichten und mindestens
1 Stunde tiefkühlen. Die verbliebene Creme
zum Eis servieren. Dazu Biscotti reichen.

RUMROSINENEIS

Für 6–8 Portionen

60 g Rosinen
2 EL brauner Rum
1 Rezeptmenge Zuckersirup
   (siehe Seite 144)
1 Rezeptmenge Vanilleeis (siehe Seite 12)

Die Rosinen ein paar Stunden in Rum und
Zuckersirup ziehen lassen.

Das Vanilleeis zubereiten und in der Eismaschine halb gefrieren lassen. Die Rumrosinen
hinzufügen und das Eis zu Ende gefrieren.

Besonders lecker wird es, wenn man noch 50 g
gehackte Zartbitterschokolade untermengt.

Das fertige Eis in einen Behälter füllen
und vor dem Servieren mindestens 1 Stunde
tiefkühlen.

AHORN-WALNUSS-EIS

Für 6–8 Portionen

1 Rezeptmenge Vanilleeis (siehe Seite 12)
140 ml Ahornsirup
100 g Walnüsse, gehackt

Im Rezept für Vanilleeis die Hälfte des
Zuckers durch die 140 ml Ahornsirup ersetzen. Das Eis in der Eismaschine gefrieren
lassen, dann die Nüsse unterheben. Das
fertige Eis in einen Behälter füllen und vor
dem Servieren mindestens 1 Stunde tiefkühlen.

IRISH-COFFEE-EIS

Für 6–8 Portionen

1 Rezeptmenge Vanilleeis (siehe Seite 12),
   dabei 80 g Zucker durch 80 g Farinzucker ersetzen
4 Espressi
3 cl Whisky

Die Eismasse mit Espresso und Whisky
verrühren und in der Eismaschine gefrieren
lassen. Das fertige Eis vor dem Servieren mindestens 1 Stunde tiefkühlen.

SCHOKOLADENEIS

Für 6–8 Portionen

½ Vanillestange
300 ml Milch
200 ml Rahm (Sahne)
1 EL Honig
5 Eigelb
80 g Zucker
125 g Zartbitterschokolade
    (50–70 % Kakaoanteil), gehackt

Die Vanillestange längs aufschlitzen und das
Mark herauskratzen. Milch, Rahm, Vanillestange samt -mark und Honig in einem
Topf mit dickem Boden aufkochen. Vom
Herd nehmen. Eigelbe und Zucker in einer
separaten Schüssel schaumig schlagen. Die
heiße Rahm-Milch-Mischung in gleichmäßigem Strahl unter die Eimasse rühren, wieder in den Topf füllen und unter Rühren
auf 85 Grad erhitzen, bis die Masse andickt.
Vom Herd nehmen; sie darf nicht kochen.

Die gehackte Schokolade in eine große Schüssel geben, die heiße Eismasse darübergießen
und rühren, bis die Schokolade geschmolzen
ist. Durch ein Sieb abseihen und möglichst
in einem Eiswasserbad abkühlen lassen. In der
Eismaschine gefrieren lassen. Das Eis in einen
Behälter füllen und vor dem Servieren mindestens 1 Stunde tiefkühlen.

SCHOKOLADENEIS
MIT KAKAONIBS-KROKANT

Für 6–8 Portionen

40 g Zucker
1 EL Kakaonibs (geröstete, gebrochene
    Kakaobohnen)
1 Rezeptmenge Schokoladeneis
    (siehe links)

Den Zucker mit 1 Esslöffel Wasser in einem
Topf zu einem hellen Karamell schmelzen.
Vom Herd nehmen, rasch die Kakaonibs
daruntermengen, auf ein Stück Backpapier
geben und abkühlen lassen. Dann hacken
oder in der Küchenmaschine zerkleinern.

Das Schokoladeneis zubereiten und in der
Eismaschine gefrieren lassen, dann den
Kakaonibs-Krokant darunterheben. Das Eis
in einen Behälter füllen und vor dem
Servieren mindestens 1 Stunde tiefkühlen.

KLADDKAKA-EIS

Für 6–8 Portionen

2 Stücke Kladdkaka (siehe Seite 152)
1 Rezeptmenge Schokoladeneis (siehe
    Seite 21)

Den Kladdkaka klein würfeln.

Das Schokoladeneis zubereiten und in der
Eismaschine gefrieren lassen. Das Eis in
einen Behälter füllen und die Kuchen-
stücke unterheben. Das fertige Eis vor dem
Servieren mindestens 1 Stunde tiefkühlen.

ROCKY-ROAD-EIS

Für 6–8 Portionen

1 Rezeptmenge Schokoladeneis (siehe
    Seite 21)
50 g Mini-Marshmallows oder große
    Marshmallows, zerkleinert
100 g Walnüsse oder Pekannüsse,
    grob gehackt

Das Schokoladeneis zubereiten und in der
Eismaschine gefrieren lassen. Das Eis in einen
Behälter füllen, Marshmallows und Nüsse
unterheben. Das fertige Eis vor dem Servieren
mindestens 1 Stunde tiefkühlen.

SCHOKOLADENTRÜFFELEIS

Für 6–8 Portionen

75 ml Rahm (Sahne)
50 g Zartbitterschokolade (50–70 % Kakao-
    gehalt), gehackt
1 Rezeptmenge Schokoladeneis (siehe
    Seite 21)

Den Rahm aufkochen, über die Schokolade
gießen und rühren, bis die Schokolade
geschmolzen ist. Die Schokoladenmasse in
eine Einwegspritze füllen und bei Zimmertemperatur abkühlen lassen.

Das Schokoladeneis zubereiten und in
der Eismaschine gefrieren lassen. Eis und
Schokoladenmasse abwechselnd in einen
Behälter schichten und die Schokoladenmasse
dabei wellenförmig daraufträufeln. Das
Eis vor dem Servieren mindestens 1 Stunde
tiefkühlen. Nach Belieben mit Haselnuss-
streuseln garnieren (siehe Seite 145).

KAFFEE-EIS

Für 6–8 Portionen

1 Rezeptmenge Vanilleeis (siehe Seite 12)
4 cl Espresso aus Arabica-Kaffee

Das Eis zubereiten, den Espresso unterrühren
und in der Eismaschine gefrieren lassen.
Das fertige Eis in einen Behälter füllen und
vor dem Servieren mindestens 1 Stunde
tiefkühlen. Mit Kakaonibs oder gehackter
Schokolade garnieren.

Kladdkaka-Eis, Schokoladentrüffeleis und Kaffee-Eis

KOKOSEIS

Für 6–8 Portionen

1 Vanillestange
400 ml Milch
100 ml Rahm (Sahne)
200 ml Kokosmilch
6 Eigelb
160 g Zucker
2 EL Kokosraspel

Die Vanillestange längs aufschlitzen und das Mark herauskratzen. Milch, Rahm, Kokosmilch sowie Vanillestange und -mark in einem Topf mit dickem Boden aufkochen. Dann vom Herd nehmen. Eigelbe und Zucker in einer separaten Schüssel schaumig schlagen.

Die heiße Rahm-Milch-Mischung in gleichmäßigem Strahl unter die Eimasse rühren und zurück in den Topf füllen. Die Masse unter Rühren auf 85 Grad erhitzen, bis sie andickt. Vom Herd nehmen; sie darf nicht kochen.

Die Masse in einen Behälter füllen und am besten über Nacht im Kühlschrank ruhen lassen. Andernfalls vor der Verarbeitung in der Eismaschine 5–10 Minuten tiefkühlen. Die Masse durch ein Sieb abseihen und in der Eismaschine gefrieren lassen. In einen Behälter füllen und mit Kokosraspeln bestreuen. Vor dem Servieren mindestens 1–2 Stunden tiefkühlen.

WEISSES SCHOKOLADENEIS

Für 6–8 Portionen

400 ml Milch
300 ml Rahm (Sahne)
5 Eigelb
80 g Zucker
125 g weiße Schokolade, gehackt

Milch und Rahm in einem Topf aufkochen, dann vom Herd nehmen. Eigelbe und Zucker in einer separaten Schüssel schaumig schlagen. Die heiße Rahm-Milch-Mischung in gleichmäßigem Strahl unter die Eimasse rühren, zurück in den Topf füllen und unter Rühren auf 85 Grad erhitzen, bis die Masse andickt. Vom Herd nehmen; sie darf nicht kochen.

Die gehackte weiße Schokolade in eine große Schüssel geben, die heiße Eismasse darübergießen und rühren, bis die Schokolade geschmolzen ist. Durch ein Sieb abseihen und in einem Eiswasserbad abkühlen lassen. In der Eismaschine zu Eis gefrieren lassen. Das Eis in einen Behälter füllen und vor dem Servieren mindestens 1 Stunde tiefkühlen.

APRIKOSENEIS
MIT HONIG-CRUNCH

Für 6–8 Portionen

1 Vanillestange
400 ml Milch
300 ml Rahm (Sahne)
6 Eigelb
160 g Zucker
300 g Aprikosenpüree aus ca. 8 reifen,
   entsteinten frischen Aprikosen

HONIG-CRUNCH
100 g Zucker
50 ml Wasser
75 g heller Zuckerrübensirup
75 g flüssiger Honig
1 TL Vanillezucker
25 g weiche Butter
1½ TL Natron

Die Vanillestange längs aufschlitzen und
das Mark herauskratzen. Milch, Rahm,
Vanillestange und -mark in einem Topf aufkochen, dann vom Herd nehmen. Eigelbe
und Zucker in einer separaten Schüssel
schaumig schlagen. Die heiße Rahm-Milch-
Mischung in gleichmäßigem Strahl unter
die Eimasse rühren, zurück in den Topf füllen
und unter Rühren auf 85 Grad erhitzen,
bis die Masse andickt. Vom Herd nehmen;
sie darf nicht kochen.
Die Masse in eine Schüssel füllen und am
besten über Nacht im Kühlschrank ruhen

lassen; andernfalls vor der Verarbeitung in
der Eismaschine im Kühlschrank abkühlen
lassen. Die Masse durch ein Sieb abseihen,
das Aprikosenpüree unterrühren und in
der Eismaschine gefrieren lassen. Das fertige
Eis in einen Behälter füllen und vor dem
Servieren 1–2 Stunden tiefkühlen.

Für den Honig-Crunch ein Backblech mit
Backpapier auslegen. Zucker, Wasser, Zuckerrübensirup und Honig in einen Topf geben
und langsam zum Kochen bringen. Die Hitze
erhöhen und 5–10 Minuten unter gelegentlichem Rühren, damit nichts am Topfboden
anhaftet, kochen lassen. Dann vom Herd
nehmen.
Vanillezucker, Butter und Natron mit einem
Holzlöffel darunterrühren. Den schäumenden
Karamell rasch auf das Backpapier gießen
und schnell verstreichen. Fest werden lassen,
dann in Stücke brechen, grob zerstoßen und
über das Aprikoseneis streuen.

Den Crunch zwischen Lagen von Backpapier
in einem luftdicht verschließbaren Behälter
aufbewahren.

Aprikoseneis mit Honig-Crunch

KIRSCHEIS

Für 6–8 Portionen

250 g entsteinte Kirschen
50 ml Wasser
40 g Zucker

1 Vanillestange
400 ml Milch
300 ml Rahm (Sahne)
6 Eigelb
160 g Zucker

Kirschen, Wasser und Zucker (40 g) in einem Topf aufkochen und ein paar Minuten kochen lassen, bis die Kirschen weich sind. Vom Herd nehmen und abkühlen lassen.

Die Vanillestange längs aufschlitzen und das Mark herauskratzen. Milch, Rahm, Vanillestange und -mark in einem Topf aufkochen, dann vom Herd nehmen. Eigelbe und Zucker in einer separaten Schüssel schaumig schlagen. Die heiße Rahm-Milch-Mischung in gleichmäßigem Strahl unter die Eimasse rühren, zurück in den Topf füllen und unter Rühren auf 85 Grad erhitzen, bis die Masse andickt. Vom Herd nehmen; sie darf nicht kochen.

Die Masse in eine Schüssel füllen und am besten über Nacht im Kühlschrank ruhen lassen; andernfalls vor der Verarbeitung in der Eismaschine im Kühlschrank abkühlen lassen. Die Masse durch ein Sieb abseihen und in der Eismaschine gefrieren lassen. Das Eis abwechselnd mit den Kirschen in einen Behälter schichten. Vor dem Servieren mindestens 1–2 Stunden tiefkühlen.

Tipp: Kirschenentsteiner sind in der Kirschsaison ein nützliches Werkzeug. Sie sind in gut sortierten Haushaltswarenläden erhältlich.

SAFRAN-ORANGEN-EIS
MIT MANDELKROKANT

Für 6–8 Portionen

KANDIERTE MANDELN
40 g Zucker
100 g Mandeln

SAFRAN-ORANGEN-EIS
½ g Safranfäden
1 TL Zucker
1 TL Cognac
400 ml Milch
300 ml Rahm (Sahne)
6 Eigelb
160 g Zucker
1 Orange, abgeriebene Schale und 1 EL Saft

Für die Mandeln den Zucker mit 1 Esslöffel Wasser zu einem hellbraunen Karamell schmelzen. Die Mandeln rasch darunterrühren, auf ein mit Backpapier ausgelegtes Blech geben und abkühlen lassen. Dann die Mandeln grob hacken.

Für das Eis den Safran mit dem Zucker mischen, zerstoßen und mit dem Cognac verrühren. Zusammen mit Milch und Rahm in einem Topf aufkochen. Dann vom Herd nehmen. Eigelbe und Zucker in einer separaten Schüssel schaumig schlagen. Die heiße Rahm-Milch-Mischung in gleichmäßigem Strahl unter die Eimasse rühren, zurück in den Topf füllen und unter Rühren auf 85 Grad erhitzen, bis die Masse andickt. Vom Herd nehmen; sie darf nicht kochen. Die Masse in eine Schüssel füllen und im Kühlschrank abkühlen lassen.

Orangenschale und -saft hinzufügen. Die Masse durch ein Sieb abseihen und in der Eismaschine gefrieren lassen. Das Mandelkrokant unterheben. Das Eis vor dem Servieren mindestens 1 Stunde tiefkühlen.

PFEFFERKUCHENEIS

Für 6–8 Portionen

400 ml Milch
300 ml Rahm (Sahne)
1½ EL Lebkuchengewürz (Zimt, Nelke, Ingwer, Kardamom)
6 Eigelb
120 g Zucker
40 g Farinzucker
10–12 schwedische Pfefferkuchen (Ikea)

Milch, Rahm und Lebkuchengewürz in einem Topf aufkochen. Eigelbe, Zucker und Farinzucker separat schaumig schlagen. Die heiße Rahm-Milch-Mischung über die Eimasse gießen, verrühren, zurück in den Topf füllen und unter kräftigem Rühren auf 85 Grad erhitzen, bis die Masse andickt. Sie darf nicht kochen. Die Masse in eine Schüssel füllen und im Kühlschrank abkühlen lassen.
Die Masse durch ein Sieb abseihen und in der Eismaschine zu einem festen, cremigen Eis gefrieren. Die Pfefferkuchen grob zerstoßen oder hacken. Das Eis abwechselnd mit den Pfefferkuchenbröseln in einen Behälter füllen und vor dem Servieren mindestens 1 Stunde tiefkühlen.

Safran-Orangen-Eis mit Mandelkrokant

SALZ-KARAMELL-EIS

Für 6–8 Portionen

KARAMELL
80 g Zucker
150–200 ml Rahm (Sahne)

EISCREME
1 Vanillestange
400 ml Milch
200 ml Rahm (Sahne)
6 Eigelb
80 g Rohzucker oder raffinierter Zucker
knapp ½ TL feines Meersalz

Für den Karamell den Zucker mit 2 Esslöffeln Wasser in einem Topf zu einem hellen Karamell kochen. Vom Herd nehmen und den Rahm dazugießen. (Vorsicht: Es kann spritzen!) Den Topf zurück auf den Herd stellen, umrühren und köcheln lassen, bis der Zucker geschmolzen ist. Vom Herd nehmen.

Für die Eiscreme die Vanillestange längs aufschlitzen und das Mark herauskratzen. Milch, Rahm, Vanillestange und -mark in einem Topf aufkochen, dann vom Herd nehmen. Eigelbe und Zucker in einer separaten Schüssel schaumig schlagen. Die heiße Rahm-Milch-Mischung in gleichmäßigem Strahl unter die Eimasse rühren, zurück in den Topf füllen und unter Rühren auf 85 Grad erhitzen, bis die Masse andickt. Vom Herd nehmen; sie darf nicht kochen. Salz und Karamell darunterrühren. Die Masse durch ein Sieb abseihen, in einen Behälter füllen und im Kühlschrank abkühlen lassen. In der Eismaschine gefrieren

lassen. Das fertige Eis in einen Behälter füllen und vor dem Servieren 1–2 Stunden tiefkühlen.

WHISKYEIS

Für 6–8 Portionen

1 Vanillestange
400 ml Milch
300 ml Rahm (Sahne)
6 Eigelb
160 g Rohzucker
4 EL Whisky
nach Belieben 100 g Macadamianüsse,
    gehackt

Die Vanillestange längs aufschlitzen und das Mark herauskratzen. Milch, Rahm, Vanillestange und -mark in einem Topf aufkochen, dann vom Herd nehmen.

Eigelbe und Rohzucker in einer separaten Schüssel schaumig schlagen. Die heiße Rahm-Milch-Mischung in gleichmäßigem Strahl unter die Eimasse rühren, zurück in den Topf füllen und unter Rühren auf 85 Grad erhitzen, bis die Masse andickt. Vom Herd nehmen; sie darf nicht kochen. Die Masse in eine Schüssel füllen und am besten über Nacht im Kühlschrank ruhen lassen.

Die Masse durch ein Sieb abseihen, den Whisky hinzufügen und in der Eismaschine gefrieren lassen. Falls verwendet, die gehackten Nüsse darunterheben und das Eis vor dem Servieren mindestens 1–2 Stunden tiefkühlen.

RHABARBEREIS

Für 6–8 Portionen

250 g Rhabarber (ca. 2 Stangen)
80 g Zucker
50 ml Wasser
1 Vanillestange
400 ml Milch
400 ml Rahm (Sahne)
6 Eigelb
160 g Zucker

Schon leicht holzige Rhabarberstangen schälen. Junge, knackige Stangen brauchen nicht geschält zu werden. Den Rhabarber in Streifen schneiden und mit Zucker (80 g) und Wasser etwa 5 Minuten weich kochen. Abkühlen lassen.

Die Vanillestange längs aufschlitzen und das Mark herauskratzen. Milch, Rahm, Vanillestange und -mark in einem Topf aufkochen, dann vom Herd nehmen. Eigelbe und Zucker in einer separaten Schüssel schaumig schlagen. Die heiße Rahm-Milch-Mischung in gleichmäßigem Strahl unter die Eimasse rühren, zurück in den Topf füllen und unter Rühren auf 85 Grad erhitzen, bis die Masse andickt. Vom Herd nehmen; sie darf nicht kochen. Die Masse in eine Schüssel füllen und am besten über Nacht im Kühlschrank ruhen lassen oder vor der Verarbeitung in der Eismaschine abkühlen lassen und im Kühlschrank durchkühlen.

Die Masse durch ein Sieb abseihen und fast das gesamte Rhabarberkompott darunterrühren. Den Rest oben draufträufeln. Die Masse in der Eismaschine gefrieren lassen. Das fertige Eis in einen Behälter füllen und vor dem Servieren 1–2 Stunden tiefkühlen.

»Je mehr Fett das Eis enthält, desto cremiger wird es und desto langsamer schmilzt es.«

ERDNUSS-KARAMELL-EIS

Für 6–8 Portionen

½ Vanillestange
350 ml Milch
250 ml Rahm (Sahne)
1 EL Glukose oder Honig
5 Eigelb
120 g Rohzucker
75 g Erdnüsse, grob gehackt
100 ml Karamellsauce (siehe Seite 142)

Die Vanillestange längs aufschlitzen und
das Mark herauskratzen. Milch, Rahm,
Vanillestange und -mark sowie Glukose oder
Honig in einem Topf aufkochen, dann
vom Herd nehmen. Eigelbe und Zucker in
einer separaten Schüssel schaumig schlagen. Die heiße Rahm-Milch-Mischung zur
Eimasse gießen, zurück in den Topf füllen
und unter Rühren auf 85 Grad erhitzen,
bis die Masse andickt. Vom Herd nehmen;
sie darf nicht kochen.

Die Masse durch ein feinmaschiges Sieb
abseihen und abkühlen lassen. In einen
mit Frischhaltefolie ausgelegten Behälter
füllen und möglichst über Nacht im
Kühlschrank ruhen lassen. So wird das Eis
besonders fein und cremig.

Die Masse in der Eismaschine gefrieren lassen.
Die Erdnüsse unterheben. Das Eis abwechselnd mit der Karamellsauce in einen
Behälter schichten. Vor dem Servieren mindestens 1–2 Stunden tiefkühlen.

LAKRITZEIS

Für 6–8 Portionen

1 Vanillestange
400 ml Milch
300 ml Rahm (Sahne)
1 EL Lakritzgranulat oder 2 EL Lakritz-
    pulver
6 Eigelb
160 g Zucker

Die Vanillestange längs aufschlitzen und das
Mark herauskratzen. Milch, Rahm, Vanillestange samt -mark sowie Lakritze in einem
Topf aufkochen. Dann vom Herd nehmen.
Eigelbe und Zucker in einer separaten Schüssel
schaumig schlagen. Die heiße Rahm-Milch-
Mischung in gleichmäßigem Strahl unter
die Eimasse rühren, zurück in den Topf füllen
und unter Rühren auf 85 Grad erhitzen,
bis die Masse andickt. Vom Herd nehmen; sie
darf nicht kochen. Die Masse durch ein
Sieb abseihen und abkühlen lassen. In einen
mit Frischhaltefolie ausgelegten Behälter
füllen und möglichst über Nacht im Kühlschrank ruhen lassen. So wird das Eis besonders fein und cremig.

Die Masse in der Eismaschine gefrieren lassen.
Das fertige Eis in einen Behälter füllen und
vor dem Servieren 1–2 Stunden tiefkühlen.

SALZLAKRITZEIS

Für 6–8 Portionen

1 Rezeptmenge Lakritzeis (siehe Seite 37)
2 EL Salzlakritzpulver
1 Rezeptmenge Lakritzbaiserplatten
  (siehe Seite 148)

Das Lakritzgranulat im Rezept für das
Lakritzeis durch 2 Esslöffel Salzlakritzpulver
ersetzen. Mit Lakritzbaisers und Himbeeren
servieren.

LAKRITZEIS MIT SCHOKOLADEN-COOKIES

Für 6–8 Portionen

1 Rezeptmenge Lakritzeis (siehe Seite 37)
3–4 grob zerstoßene Schokoladen-Cookies
  (siehe Seite 152)

Das Lakritzeis zubereiten und in der Eismaschine gefrieren lassen. Das Eis in einen
Behälter füllen und die Keksstücke unterheben.

SÜSSHOLZ-ANIS-EIS

Für 6–8 Portionen

400 ml Milch
300 ml Rahm (Sahne)
1 EL gemahlene Anissamen
2 EL gemahlenes Süßholz
6 Eigelb
80 g weißer Zucker
80 g dunkler Muskovado-Zucker
2 cl Pernod

Milch, Rahm, Anis und Süßholz in einem
Topf mit dickem Boden aufkochen, dann
vom Herd nehmen. Eigelbe, weißen Zucker
und Muskovado-Zucker in einer separaten Schüssel schaumig schlagen. Die heiße
Rahm-Milch-Mischung in gleichmäßigem
Strahl unter die Eimasse rühren, zurück in
den Topf füllen und unter Rühren auf
85 Grad erhitzen, bis die Masse andickt.
Vom Herd nehmen; sie darf nicht kochen.

Die Masse durch ein Sieb abseihen und
abkühlen lassen. In einen mit Frischhaltefolie
ausgelegten Behälter füllen und möglichst
über Nacht im Kühlschrank ruhen lassen.
So wird das Eis besonders fein und cremig.
Den Pernod unterrühren und die Masse in
der Eismaschine gefrieren lassen. Das fertige
Eis in einen Behälter füllen und vor dem
Servieren 1–2 Stunden tiefkühlen.

PARFAIT, SEMIFREDDO UND FRISCHKÄSEEIS

Parfait, Semifreddo und Frischkäseeis werden allesamt kalt angerührt und können ohne Eismaschine hergestellt werden.

Bei der Zubereitung eines Parfaits kann eigentlich nichts schiefgehen. Eigelbe und Zucker werden zu einer hellen, schaumigen Masse aufgeschlagen, anschließend Schlagrahm daruntergehoben und die Masse mit Schokolade, Früchten oder Nüssen variiert. Wer eine säuerliche Geschmacksnote liebt, kann einen Teil des Rahms durch Crème fraîche, Frischkäse oder Rahmjoghurt ersetzen. Das Parfait nur wenige Stunden ins Gefrierfach stellen. Wird es über Nacht tiefgekühlt, sollte man es vor dem Servieren 10–15 Minuten antauen lassen, damit es nicht zu fest ist.

Semifreddo ist italienisch und bedeutet so viel wie »halb gefroren«. Es ist die italienische Variante des Parfaits. Der Unterschied liegt darin, dass in einem Semifreddo auch das Eiweiß mitverarbeitet wird. Je mehr Eiweiß Sie verwenden, desto mehr Eiskristalle sind im fertigen Eis spürbar. Wie ein Parfait können Sie auch ein Semifreddo mit Schokolade, Früchten oder Nüssen aromatisieren. Lassen Sie es vor dem Servieren eine Weile antauen und reichen Sie es halb gefroren.

Parfaits

VANILLEPARFAIT

Für 8–10 Portionen

500 ml Rahm (Sahne)
5 Eigelb
60 g Puderzucker oder 80 g Zucker
1 EL Vanillezucker oder 1 Vanillestange
  (siehe Tipp)

Den Rahm steif schlagen und in den Kühl-
schrank stellen. Eigelbe, Puderzucker oder
Zucker und Vanillezucker schaumig schlagen.
Den Rahm unterheben, die Masse in einen
Behälter füllen und 5–6 Stunden tiefkühlen.
Alternativ in eine Kuchenform füllen und
das Parfait darin etwa 6 Stunden tiefkühlen.
Zum Servieren die Form in heißes Wasser
tauchen und das Parfait auf einen Teller
stürzen.

Tipp: Die Vanillestange längs aufschlitzen und das Mark herauskratzen.
Vanillestange und -mark mit dem
Puderzucker oder Zucker mischen und
einige Stunden durchziehen lassen,
damit der Zucker den Vanillegeschmack
annimmt. Die Stange entfernen und
den Vanillezucker verwenden.

HASELNUSSPARFAIT

Für 10–12 Portionen

60 g Haselnüsse
500 ml Rahm (Sahne)
5 Eigelb
60 g Puderzucker
1 TL Vanillezucker
8 EL Nuss-Nougat-Creme (z. B. Nutella)

Die Haselnüsse in einer trockenen Pfanne
rösten und die Haut abreiben (siehe Seite 15).
Die Hälfte der Nüsse grob hacken.

Den Rahm steif schlagen. Eigelbe, Puderzucker und Vanillezucker schaumig schlagen.
Die Hälfte der Nuss-Nougat-Creme unterrühren, dann den Rahm darunterheben.

Eine Kastenform von 2 Liter Inhalt mit
Frischhaltefolie auskleiden. Die Hälfte der
Parfaitmasse hineinfüllen. Die verbliebene
Nuss-Nougat-Creme in der Mikrowelle
erhitzen, bis sie lauwarm und weniger fest ist.
Die Hälfte der Creme wellenförmig auf die
Parfaitmasse träufeln und mit den gehackten
Nüssen bestreuen. Mit der verbliebenen
Parfaitmasse bedecken, mit der restlichen
Creme beträufeln und mit den ganzen
Haselnüssen bestreuen. Die Form mindestens
5–6 Stunden tiefkühlen.

Zum Servieren das Parfait aus der Form
heben, in Scheiben oder Stücke schneiden und
nach Belieben mit frischen Pfirsichen und
Himbeeren servieren. Oder mit einem Glas
Dessertwein.

BLAUBEERPARFAIT

Für 6 Portionen

300 ml Rahm (Sahne)
3 Eigelb
30 g Puderzucker oder 40 g Zucker
1 TL Vanillezucker
150 g Blaubeerkonfitüre (siehe Seite 153)
2 EL Blaubeeren

Den Rahm steif schlagen. Eigelbe, Puderzucker oder Zucker und Vanillezucker schaumig schlagen. 100 g Blaubeerkonfitüre und den Rahm darunterheben. Die verbliebene Konfitüre abwechselnd mit der Parfaitmasse in eine Form schichten und mit Blaubeeren bestreuen. Mindestens 5–6 Stunden tiefkühlen. Anschließend mit Frischhaltefolie abdecken, falls das Parfait länger aufbewahrt werden soll.

Zum Servieren das Parfait aus der Form lösen. Mit heißer Schokoladensauce, ein paar zerstoßenen Cookies oder Baisers (siehe Seite 146 und 152) und Blaubeeren servieren.

PREISELBEERPARFAIT

Für 6 Portionen

300 ml Rahm (Sahne)
3 Eigelb
30 g Puderzucker oder 40 g Zucker
1 TL Vanillezucker
150 g Preiselbeerkonfitüre (siehe Seite 153)
2 EL frische Preiselbeeren

Den Rahm steif schlagen. Eigelbe, Puderzucker oder Zucker und Vanillezucker schaumig schlagen. 100 g Preiselbeerkonfitüre und den Rahm darunterheben. Die verbliebene Konfitüre abwechselnd mit der Parfaitmasse in eine Form schichten und mit Preiselbeeren bestreuen. Die Form mindestens 5–6 Stunden tiefkühlen. Anschließend mit Frischhaltefolie abdecken, falls das Parfait länger aufbewahrt werden soll.

MOLTEBEERPARFAIT

Für 6 Portionen

300 ml Rahm (Sahne)
3 Eigelb
30 g Puderzucker oder 40 g Zucker
1 TL Vanillezucker
150 g Moltebeerkonfitüre (siehe Seite 153)
2 EL Moltebeeren

Den Rahm steif schlagen. Eigelbe, Puderzucker oder Zucker und Vanillezucker schaumig schlagen. 100 g Moltebeerkonfitüre und den Rahm darunterheben. Die verbliebene Konfitüre abwechselnd mit der Parfaitmasse in eine Form schichten und mit Moltebeeren bestreuen. Die Form mindestens 5–6 Stunden tiefkühlen. Anschließend mit Frischhaltefolie abdecken, falls das Parfait länger aufbewahrt werden soll.

Das Moltebeerparfait mit heißen Moltebeeren, einem Glas Tokajer oder einem Süßwein, wie dem portugiesischen Dessertwein Moscatel de Setúbal, servieren.

Blaubeerparfait, Preiselbeerparfait und Moltebeerparfait

SCHOKOLADENPARFAIT MIT SCHWARZEN JOHANNISBEEREN

Für 10 Portionen

SCHWARZE-JOHANNISBEER-SAUCE
60 g schwarze Johannisbeeren
2 EL Wasser
2 EL Zucker

SCHOKOLADENPARFAIT
500 ml Rahm (Sahne)
5 Eigelb
80 g Zucker
175 g Zartbitterschokolade (50–70 %
    Kakaogehalt), gehackt

Für die Sauce die schwarzen Johannisbeeren
mit Wasser und Zucker in einem Topf aufkochen. Ein paar Minuten köcheln lassen,
dann vom Herd nehmen und abkühlen lassen.

Für das Parfait den Rahm steif schlagen.
Eigelbe und Zucker in einer separaten Schüssel schaumig schlagen. 150 g Schokolade
schmelzen und rasch unter die Eimasse ziehen,
dann den Rahm unterheben. Die Scho-
koladenparfaitmasse abwechselnd mit der
daraufgeträufelten Johannisbeersauce in eine
Kastenform füllen. Die Oberseite mit
Sauce beträufeln und mit 25 g gehackter
Schokolade bestreuen. Die Form mindestens
5–6 Stunden tiefkühlen. Mit Frischhaltefolie abdecken, falls das Parfait längere Zeit
gelagert werden soll.

BIRNEN-VANILLE-PARFAIT

Für 6 Portionen

½ Vanillestange oder 1 TL Vanillezucker
300 ml Rahm (Sahne)
3 Eigelb
45 g Puderzucker
150 g weiche, reife Birnen, geschält
    und püriert
1–2 cl Grappa oder Wodka

Die Vanillestange längs aufschlitzen und
das Mark herauskratzen. Den Rahm mit
dem Vanillemark oder Vanillezucker steif
schlagen. Eigelbe und Puderzucker schaumig
schlagen. Birnenpüree und Alkohol einrühren. Dann den Vanillerahm darunterheben
und alles zu einer glatten Masse vermengen.
In Portionsformen 4–5 Stunden tiefkühlen.

Das Parfait mit heißer Vanillesauce oder
Birnensauce und schwedischen Knusperkek-
sen mit Mandeln servieren (siehe Seite 144
und 151).

Tipp: Für ein eher säuerliches Parfait
einen Teil des Rahms durch Crème
fraîche oder Rahmjoghurt mit mindestens 8 Prozent Fettanteil ersetzen.

46

Semifreddo

VANILLE-SEMIFREDDO

Für 8 Portionen

1 Vanillestange
400 ml Rahm (Sahne)
4 Eigelb
120 g Zucker
3 Eiweiß

Vanillestange und -mark mit 50 ml des Rahms
in einem Topf aufkochen. Abkühlen lassen
und kühl stellen. Den Vanillerahm mit dem
verbliebenen Rahm verrühren und steif
schlagen.

Die Eigelbe und den Zucker in einer separaten
Schüssel schaumig schlagen. Unter den
Vanillerahm rühren. Die Eiweiße in einer
weiteren Schüssel steif schlagen und darunterheben. Die Masse in eine Form oder
in Portionsgläser füllen und mindestens
4–5 Stunden tiefkühlen. Mit Frischhaltefolie
abdecken, falls das Semifreddo längere Zeit
gelagert werden soll.

MANDEL-KARAMELL-SEMIFREDDO

Für 8 Portionen

1 Rezeptmenge Vanille-Semifreddo
2 cl Amaretto
50 g geröstete Mandeln
4 EL Karamellsauce (siehe Seite 142)

Den Amaretto unter das Vanille-Semifreddo
rühren. Abwechselnd Semifreddo-Masse,
geröstete Mandeln und Karamellsauce in eine
Form schichten und mindestens 5 Stunden
tiefkühlen.

SCHOKOLADEN-SEMIFREDDO

Für 8 Portionen

400 ml Rahm (Sahne)
250 g Zartbitterschokolade
   (50–70 % Kakaogehalt), gehackt
4 Eigelb
6 EL Zucker
3 Eiweiß

Den Rahm leicht aufschlagen. 200 g der
Schokolade über einem Wasserbad oder in
der Mikrowelle schmelzen. Die Eigelbe
mit 4 Esslöffeln Zucker schaumig schlagen.
Das Eiweiß mit 2 Esslöffeln Zucker ein
paar Minuten aufschlagen.

Die Eigelbmasse mit der geschmolzenen
Schokolade verrühren, dann Rahm, Eischnee
und die restlichen 50 g Schokolade darunterheben.

Die Masse in eine Form füllen und mindestens 4–5 Stunden tiefkühlen. Mit Frischhaltefolie abdecken, falls das Semifreddo
längere Zeit gelagert werden soll.

Vanille-Semifreddo, Mandel-Karamell-Semifreddo und Schokoladen-Semifreddo

LAKRITZ-SEMIFREDDO MIT LAKRITZ-KARAMELL-SAUCE

Für 6 Portionen

300 ml Rahm (Sahne)
3 Eigelb
4 EL Puderzucker
1 TL Vanillezucker
1 EL Lakritzgranulat oder 2 EL Lakritz-
    pulver
2 Eiweiß

LAKRITZ-KARAMELL-SAUCE
80 g Zucker
2 EL Wasser
100 ml Rahm (Sahne)
70 ml heller Zuckerrübensirup
2 TL Lakritzgranulat oder 4 TL Lakritz-
    pulver

Für die Sauce die Hälfte des Zuckers mit
dem Wasser in einem Topf zu einem hellen
Karamell einkochen. Rahm, die restlichen
40 g Zucker, Zuckerrübensirup und Lakritzgranulat hinzufügen. Unter Rühren ein
paar Minuten einkochen lassen. Die Sauce
abkühlen lassen.

Für das Semifreddo den Rahm steif schlagen.
Eigelbe, Puderzucker, Vanillezucker und
Lakritzgranulat schaumig schlagen. Die Eiweiße in einer separaten Schüssel steif schlagen.
Die Eigelbmasse und den Rahm verrühren,
dann den Eischnee unterheben. Die Semifreddo-Masse abwechselnd mit 3 Esslöffeln Lakritzsauce in Portionsgläser füllen. Mindestens 4–5 Stunden tiefkühlen. Die verbliebene
Sauce zum Semifreddo servieren.

LAKRITZ-ROCKY-ROAD

Für 1 l

500 ml Rahm (Sahne)
5 Eigelb
60 g Puderzucker
1 TL Vanillezucker
3 Eiweiß
130 g Pekannüsse, gehackt
50 g Marshmallows, in Stücke geschnitten
50 ml Lakritz-Karamell-Sauce (siehe
    links)

Den Rahm steif schlagen und kühl stellen.
Eigelbe, Puderzucker und Vanillezucker
schaumig schlagen. Die Eiweiße in einer
separaten Schüssel steif schlagen.

Die Eigelbmasse und den Rahm verrühren,
dann Eischnee, Pekannüsse und Marshmallows
unterheben. Die Semifreddo-Masse abwechselnd mit wellenförmig aufgeträufelter
Lakritzsauce in einen Behälter schichten und
mindestens 4–5 Stunden tiefkühlen. Die
verbliebene Sauce zum Semifreddo servieren.

»Angeblich haben die Chinesen bereits
3000 v. Chr. Eis hergestellt, indem
sie Schnee mit Früchten und Beeren-
saft mischten. Von China aus ver-
breitete sich das Eis dann weiter nach
Indien, Persien und in die Mittelmeer-
region.«

Frischkäseeis

SELBST GEMACHTER FRISCHKÄSE

Frischkäse lässt sich einfach selbst machen.
Für einen besonders cremigen Frischkäse
können Sie ein paar Esslöffel Crème fraîche
hinzufügen. Für einen Frischkäse mit Ziegen-
käsenote vermengen Sie die Käsemasse
mit ein paar Esslöffeln geriebenem Ziegen-
frischkäse. Dieser schmeckt jedoch am besten
in einem neutralen Frischkäseeis.

1 l Schwedenmilch oder Buttermilch
300 ml Rahm (Sahne)
2 Prisen Salz

Die Schweden- oder Buttermilch und den
Rahm auf 48–50 Grad erhitzen (etwas
mehr als lauwarm). Ein paar Minuten rühren,
bis die Masse leicht eindickt. Die Käsemasse
in ein mit einem Kaffeefilter ausgelegtes
Sieb füllen und 5–6 Stunden an einem kühlen
Ort abtropfen lassen. Salzen.

CHEESECAKE-EIS

Für 8 Portionen

200 g Doppelrahmfrischkäse oder selbst
    gemachter Frischkäse
3 Eigelb
160 g Zucker
1 TL Vanillezucker
½ Prise Salz
300 g Erdbeeren
300 ml Rahm (Sahne)
2 Eiweiß
8 Vollkornbutterkekse
nach Belieben frische Erdbeeren zum
    Servieren

Frischkäse, Eigelbe und Zucker verrühren.
Vanillezucker und Salz hinzufügen. Die
Erdbeeren mit einer Gabel zerdrücken und
unter die Frischkäsemasse rühren. Rahm
und Eiweiß in separaten Schüsseln steif
schlagen. Zuerst den Rahm unter die Masse
heben, dann den Eischnee.

Die Kekse grob hacken. Die Eismasse abwechselnd mit den Keksbröseln in einen Behälter
schichten und etwa 5 Stunden tiefkühlen.

Mit einem Eisportionierer Kugeln abstechen
und mit frischen Erdbeeren servieren. Für
längere Lagerung das Eis mit einem Deckel
oder mit Frischhaltefolie abdecken.

»Es heißt, dass sich Kaiser Nero im Jahr
50 n. Chr. von Sklaven in einem
Staffellauf Schnee und Eis von den
Alpen nach Rom bringen ließ.«

51

APPLE-PIE-EIS

Für 8–10 Portionen

APFELKOMPOTT
2 Äpfel
3 EL Zucker
½ TL Zimtpulver

½ Rezeptmenge Vanillestreusel (siehe
    Seite 144) oder ca. 8 Butterkekse
    oder Spritzgebäck, zerbröselt

FRISCHKÄSEEIS
200 g Doppelrahmfrischkäse oder selbst
    gemachter Frischkäse (siehe Seite 51)
3 Eigelb
160 g Zucker
1 TL Vanillezucker
½ Prise Salz
300 ml Rahm (Sahne)
3 Eiweiß
½ TL Zimtpulver

Für das Apfelkompott die Äpfel schälen,
entkernen und würfeln. Die Apfelstücke
zusammen mit 3 Esslöffeln Wasser einige
Minuten dünsten, dann den Zucker hinzufügen. Vom Herd nehmen und den Zimt
einrühren.

Die Vanillestreusel nach Rezept zubereiten,
backen und abkühlen lassen.

Für das Eis Frischkäse, Eigelbe und Zucker
verrühren. Vanillezucker und Salz hinzufügen.
Den Rahm steif schlagen und darunterheben. Die Eiweiße in einer separaten Schüssel steif schlagen und ebenfalls darunter-

heben. Abwechselnd Eismasse, Apfelkompott
und Streusel in eine Form schichten und
mindestens 4–5 Stunden tiefkühlen. Mit
einem Deckel oder mit Frischhaltefolie
abdecken, falls das Eis längere Zeit gelagert
werden soll.

TIRAMISU-EIS

Für 8 Portionen

1 Rezeptmenge Frischkäseeis (siehe links)
100 ml starker Kaffee
50 ml Marsala, Mandellikör oder Cognac
10 Shortcakes (siehe Seite 152) oder
    Löffelbiskuits
2 EL ungesüßtes Kakaopulver
2 EL geriebene Zartbitterschokolade

Das Frischkäseeis nach Rezept zubereiten.

Den Kaffee und den Alkohol in einer Schale
mischen. Die Shortcakes hineintunken
und abwechselnd mit dem Frischkäseeis
in eine Form oder mehrere Portionsformen
füllen. Mindestens 5 Stunden tiefkühlen.
Mit einem Deckel oder mit Frischhaltefolie
abdecken, falls das Eis längere Zeit gelagert
werden soll. Mit Kakao bestäubt servieren.

»Nach der überlieferung liebte
Alexander der Große (356–323 v. Chr.)
eine Mischung aus Honig, Milch,
Fruchtsaft und Schnee, den man
in Erdlöchern lagerte.«

53

Frischkäseeis, Tiramisu-Eis und Apple-Pie-Eis

EIS AM STIEL: PALETAS UND ICE POPS

Eine Paleta ist ein fruchtiges Eis am Stiel, das ursprünglich aus Mexiko stammt. Es besteht meist aus einer Mischung aus Fruchtstücken, Fruchtpüree und dem Wasser aus der Kokosnuss oder aus »aguas frescas«, also frischem Fruchtsaft, der mit Wasser und eventuell Zucker vermengt wurde. Paletas lassen sich allerdings auch mit Früchten und Milch, Joghurt oder Kondensmilch herstellen. So wird das Resultat cremiger. Ebenfalls cremig wird es, wenn man als Basis Banane, Avocado, Kokosmilch oder Mango verwendet. Als gesunde Süße empfiehlt sich Honig oder Agavendicksaft.

In Mexiko werden die Paletas meist frisch zubereitet an kleinen Verkaufsständen oder Kiosken verkauft – direkt auf die Hand oder in Papier oder etwas Frischhaltefolie verpackt. Sie sehen hübsch aus, sind einfach herzustellen und erfreuen Groß und Klein. Ein echter Genuss für Erwachsene sind Paletas mit Chili, Gurke oder Alkohol. Letztere kann man an heißen Sommertagen auch als eine Art »Aperitif« servieren.

Die amerikanischen Ice Pops oder englischen Ice Lollies sind ein cremiges Eis am Stiel, das es in zahlreichen verschiedenen Varianten gibt. Oft werden sie in geschmolzene Schokolade getaucht und mit Streuseln verziert. In den USA schießen vermehrt trendige Ice-Pop-Bars aus dem Boden, wo man frisch gemachtes Eis genießen kann, das à la minute in weiße, Vollmilch- oder Zartbitterschokolade getunkt und mit gehackten Nüssen, Kokosraspeln, Granola (geröstetes Müsli), Pistazien oder Krokant bestreut wird. Auf Seite 145 finden Sie einige Rezepte für richtig leckere Streusel.

Um Eis am Stiel herzustellen, benötigen Sie Eisformen und Eisstiele. Diese sind von Frühling bis Sommer in gut sortierten Haushaltsgeschäften oder auch bei Internetanbietern erhältlich.

Paletas

HOLUNDERBLÜTEN-BIRNEN-PALETAS

Für 6–8 Stück

250 ml unverdünnter Holunderblütensaft
400 ml Wasser
1/2 harte Birne

Holunderblütensaft und Wasser mischen.
Die Birne in dünne Scheiben schneiden.
In jede Eisform eine Birnenscheibe legen.
Mit Saft auffüllen und die Formen 1–2 Stunden tiefkühlen. Die Eisstiele einsetzen
und das Eis über Nacht im Gefrierfach gefrieren lassen.

Die Formen aus dem Gefrierfach nehmen,
kurz mit lauwarmem Wasser abspülen und
das Eis herauslösen.

RHABARBER-HIMBEER-PALETAS

Für 6 Stück

200 ml unverdünnter Rhabarbersaft
300 ml Wasser
60 g frische Himbeeren

Rhabarbersaft und Wasser mischen. Die Himbeeren auf die Eisformen verteilen und mit
dem Saft auffüllen. Die Formen 1–2 Stunden tiefkühlen, dann die Eisstiele einsetzen.

Bei Eisstielen mit Deckel können diese auch
schon direkt eingesetzt werden. Das Eis über
Nacht im Gefrierfach gefrieren lassen.

Die Formen kurz mit lauwarmem Wasser
abspülen und das Eis aus den Formen lösen.

ERDBEER-PALETAS

Für 6 Stück

200 ml unverdünnter Erdbeersaft
300 ml Wasser
6 Erdbeeren

Saft und Wasser mischen. Die Erdbeeren putzen und in Scheiben schneiden. Die Erdbeerscheiben auf die Eisformen verteilen und mit
dem Saft auffüllen. Die Formen 1–2 Stunden
tiefkühlen, dann die Eisstiele einsetzen. Bei
Eisstielen mit Deckel können diese auch
schon direkt eingesetzt werden. Das Eis über
Nacht im Gefrierfach gefrieren lassen.
Die Formen mit lauwarmem Wasser abspülen
und das Eis herauslösen.

»Im Juli 1955 gab es in Schweden
eine Hitzewelle. In dieser Zeit
erlebte das Eis am Stiel seinen großen
Durchbruch.«

GRANATAPFEL-PALETAS

Für 4–6 Stück

½ Granatapfel
400 ml Granatapfelsaft

Die Kerne aus dem Granatapfel herauslösen
und auf die Eisformen verteilen. Vorsichtig
mit Granatapfelsaft auffüllen. Die Formen
1–2 Stunden tiefkühlen. Dann die Eisstiele
einsetzen und das Eis über Nacht im Gefrierfach gefrieren lassen.

Die Formen kurz mit lauwarmem Wasser
abspülen und das Eis herauslösen.

MANGO-PALETAS

Verwenden Sie stets vollreife Mangos.
In manchen Geschäften sind tiefgekühlte
Mangos erhältlich, die sich für dieses
Rezept ebenfalls gut eignen.

Für 8–10 Stück

300 ml Wasser
40 g Zucker
1 EL Honig
400 g Mangopüree von frischen
    reifen Mangos

Wasser, Zucker und Honig aufkochen.
Abkühlen lassen und mit dem Mangopüree
mischen. In Eisformen füllen und etwa
1 Stunde tiefkühlen. Die Eisstiele einsetzen
und das Eis über Nacht im Gefrierfach
gefrieren lassen.

Die Formen kurz mit lauwarmem Wasser
abspülen und das Eis herauslösen.

PASSIONSFRUCHT-ANANAS-PALETAS

Für 6–8 Stück

2 Passionsfrüchte
40 g Zucker
100 ml Wasser
ca. 300–400 ml Ananassaft

Die Passionsfrüchte halbieren, die Kerne
herauskratzen und in einen Topf geben.
Zucker und Wasser darunterrühren. Aufkochen und einige Minuten kochen lassen.
Dann vom Herd nehmen und abkühlen
lassen.

Je 1 Esslöffel Passionsfruchtmark in die Spitze
der Eisformen geben und diese mit Ananassaft auffüllen. Etwa 1 Stunde tiefkühlen,
dann die Stiele einsetzen. Das Eis über Nacht
im Gefrierfach gefrieren lassen.

Die Formen kurz mit lauwarmem Wasser
abspülen und das Eis herauslösen.

»Das erste dokumentierte Eis am
Stiel der Welt hieß ›Eskimo Pie‹.
Ein gewisser C. Nelson ließ es 1921
in Iowa, USA, patentieren.«

EISKAFFEE-PALETAS

Für 6 Stück

500 ml kalter Kaffee
100 ml Milch
3 EL heller Zuckerrübensirup

Alle Zutaten verquirlen und in Eisformen
gießen. Eisstiele mit Deckel aufsetzen
und über Nacht im Gefrierfach gefrieren
lassen.

Die Formen kurz mit lauwarmem Wasser
abspülen und das Eis herauslösen.

60

Passionsfrucht-Ananas-Paletas

MELONEN-PALETAS

Für 12 Stück

ERSTE SCHICHT
50 ml Wasser
80 g Zucker
500 g Cantaloupemelone, geschält,
   entkernt und püriert

ZWEITE SCHICHT
25 ml Wasser
40 g Zucker
250 g Wassermelone, geschält, entkernt
   und püriert
½ Grapefruit mit rotem Fruchtfleisch,
   Saft

Für die erste Schicht Wasser und Zucker aufkochen und abkühlen lassen. Das Melonenfruchtfleisch darunterrühren und auf die Eisformen verteilen (diese nicht ganz auffüllen!). Die Formen ins Gefrierfach stellen.

Inzwischen für die zweite Schicht Wasser und Zucker aufkochen und abkühlen lassen. Melonenfruchtfleisch und Grapefruitsaft unterrühren.

Die Formen aus dem Gefrierfach nehmen und das Wassermelonenpüree über der ersten Schicht verteilen.

Wiederum in den Gefrierer geben. Sobald das Eis halb gefroren ist, die Eisstiele einsetzen und über Nacht gefrieren lassen.

Die Formen kurz mit lauwarmem Wasser abspülen und das Eis herauslösen.

Tipp: Nur eine der beiden Schichten (diese dann in der doppelten Menge) zubereiten und in die Formen füllen. Das Cantaloupe-Eis ist von der Konsistenz her etwas dicker und cremiger, das Wassermeloneneis eher eisig und erfrischend.

GRÜNE-MELONEN-PALETAS

Für 8 Stück

50 ml Wasser
40 g Zucker
500 g reife Galiamelone

Wasser und Zucker aufkochen und abkühlen lassen. Die Melone schälen, entkernen, das Fruchtfleisch pürieren und unter den abgekühlten Zuckersirup rühren. In Eisformen füllen. 1 Stunde tiefkühlen, dann die Eisstiele einsetzen. Die Formen im Gefrierfach über Nacht gefrieren lassen.

Die Formen kurz mit lauwarmem Wasser abspülen und das Eis herauslösen.

PFIRSICH-HIMBEER-PALETAS

Manchmal ist es nicht leicht, wirklich reife
Pfirsiche zu finden. In diesem Fall können
Sie auch auf Mangos zurückgreifen. Die
Himbeeren kann man durch sonnengereifte
Erdbeeren ersetzen.

Für 12 Stück

300 ml Wasser
40 g Zucker
2 EL Honig
200 g Himbeerpüree von pürierten,
    passierten Himbeeren
200 g Pfirsichpüree von pürierten reifen
    Pfirsichen

Wasser, Zucker und Honig aufkochen. Abkühlen lassen und auf zwei Schalen verteilen.
In die eine Schale das Himbeer- und in
die andere das Pfirsichpüree einrühren. Die
Himbeermasse auf die Formen verteilen
und 20–30 Minuten tiefkühlen, bis die Masse
dickflüssig geworden ist. Nun die Pfirsich-
masse behutsam daraufgeben und alles etwa
1 Stunde tiefkühlen. Die Eisstiele einsetzen
und das Eis über Nacht im Gefrierfach gefrieren lassen.

Die Formen kurz mit lauwarmem Wasser
abspülen und das Eis herauslösen.

KIWI-PALETAS

Für 12 Stück

300 ml Wasser
40 g Zucker
2 EL Honig
400 g Kiwipüree von pürierten frischen
    Kiwis

Wasser, Zucker und Honig aufkochen. Abkühlen lassen. Mit dem Kiwipüree verrühren. Auf die Formen verteilen und 20–30
Minuten tiefkühlen, bis die Masse dickflüssig
geworden ist. Nun die Eisstiele einsetzen und
das Eis über Nacht im Gefrierfach gefrieren
lassen.

Die Formen kurz mit lauwarmem Wasser
abspülen und das Eis herauslösen.

KOKOS-LIMETTEN-PALETAS

Für 6–8 Stück

400 ml Kokosmilch
100 ml gezuckerte Kondensmilch
1 Limette, fein abgeriebene Schale
   und 1–2 TL Saft
25 g Kokosraspel

FÜR DIE GARNITUR
50 g weiße Schokolade
1 EL Kokosraspel

Kokosmilch und Kondensmilch mit einem
Pürierstab mixen. Limettenschale und
-saft sowie die Kokosraspel daruntermixen.
Die Masse in Eisformen füllen und etwa
1 Stunde tiefkühlen. Dann die Eisstiele
einsetzen und das Eis über Nacht im Gefrierfach gefrieren lassen.

Die Formen aus dem Gefrierfach nehmen,
kurz mit lauwarmem Wasser abspülen und
das Eis herauslösen. Auf eine Platte oder
ein Tablett legen und zurück ins Gefrierfach
stellen.

Für die Garnitur die Schokolade hacken und
vorsichtig in der Mikrowelle schmelzen.
Das Eis mit der flüssigen Schokolade beträufeln, mit Kokosraspeln bestreuen und servieren.
Alternativ in Frischhaltefolie einwickeln
oder in einer Gefrierbox im Gefrierfach aufbewahren.

PIÑA-COLADA-PALETAS

Servieren Sie dieses Eis in eisgekühlten Gläsern,
die mit ein wenig zerstoßenem Eis gefüllt sind.

Für 6 Stück

1 Stück frische Ananas (gehackt ca. 60 g)
300 ml Ananassaft
150 ml Kokosmilch
8 cl Kokoslikör (z. B. Malibu)
2 cl weißer Rum

Die Ananas schälen, hacken und die Stücke auf
die Eisformen verteilen. Ananassaft und Kokosmilch mischen und mit einem Pürierstab
fein pürieren. Kokoslikör und Rum hinzufügen. In die Eisformen füllen und 1–2 Stunden tiefkühlen. Die Eisstiele einsetzen und
das Eis über Nacht im Gefrierfach gefrieren
lassen.

Die Formen kurz mit lauwarmem Wasser
abspülen und das Eis herauslösen.

ROTE-BETE-ROSMARIN-PALETAS

Eis am Stiel der besonderen Art mit einem ungewöhnlichen Geschmack! Schmeckt ausgezeichnet als Zwischengang in einem größeren Menü.

Für 6 Stück

1 rote Bete
400 ml Trauben- oder Cranberrysaft
1 TL flüssiger Honig
6–8 Rosmarinzweige

Die Rote Bete sorgfältig schälen und gut abspülen. In einen Entsafter geben und den Saft mit Trauben- oder Cranberrysaft sowie Honig mischen. In Eisformen füllen und 1–2 Stunden tiefkühlen. Dann herausnehmen, die Eisstiele einsetzen und über Nacht im Gefrierfach gefrieren lassen.

Die Formen kurz mit lauwarmem Wasser abspülen und das Eis herauslösen.

KAROTTEN-PALETAS

Für 6 Stück

350 ml frisch gepresster Karottensaft
1 Orange, fein abgeriebene Schale
    von ½ Orange und Saft der ganzen
    Orange
1 EL Zucker
1 TL Zitronensaft

Alle Zutaten verrühren, bis der Zucker aufgelöst ist. In Eisformen füllen und 1–2 Stunden tiefkühlen. Herausnehmen, die Eisstiele einsetzen und über Nacht im Gefrierfach gefrieren lassen.

Die Formen kurz mit lauwarmem Wasser abspülen und das Eis herauslösen.

Rote-Bete-Rosmarin-Paletas und Karotten-Paletas

INGWER-GIN-PALETAS

Für 6 Stück

1 Zitrone, Saft
1 EL Zucker
400 ml Zitronenlimonade
1 TL frisch geriebener Ingwer
3 cl Gin

Zitronensaft und Zucker verrühren. Limonade, Ingwer und Gin darunterrühren. In Eisformen füllen und 1–2 Stunden tiefkühlen. Herausnehmen, die Eisstiele einsetzen und über Nacht im Gefrierfach gefrieren lassen. Die Formen kurz mit lauwarmem Wasser abspülen und das Eis herauslösen.

COSMOPOLITAN-PALETAS

Servieren Sie dieses Eis in geeisten Martinigläsern, garniert mit einer Limettenspalte.

Für 6 Stück

3 cl Zitronen-Wodka oder Wodka
3 cl Cointreau
500 ml Cranberrysaft
1 Zitrone, Saft
Limettenspalten zum Garnieren

Alle Zutaten verquirlen und in Eisformen gießen. Die Formen 1–2 Stunden tiefkühlen, dann die Eisstiele einsetzen. Das Eis über Nacht im Gefrierfach gefrieren lassen. Die Formen kurz mit lauwarmem Wasser abspülen und das Eis herauslösen.

ROSÉWEIN-PALETAS

Dieses Eis kann man wunderbar anstelle eines Drinks oder eines Glases Wein servieren.

Für 6–8 Stück

200 ml Wasser
80 g Zucker
300 ml Roséwein
½–1 EL Zitronensaft, je nach Säuregehalt des Weins
6 Erdbeeren, geputzt

Wasser und Zucker aufkochen und abkühlen lassen. Roséwein und Zitronensaft darunterrühren.

Die Erdbeeren halbieren und auf die Eisformen verteilen. Mit der Weinmischung auffüllen und die Formen 1–2 Stunden tiefkühlen. Herausnehmen, die Eisstiele einsetzen und über Nacht im Gefrierfach gefrieren lassen.

Die Formen kurz mit lauwarmem Wasser abspülen und das Eis herauslösen.

71

ANANAS-CHILI-PALETAS

Möchten Sie diese Paletas auch Kindern servieren, lassen Sie die Chili einfach weg.

Für 6 Stück

½ kleine frische Ananas
½ frische rote Chili
200 ml Ananassaft

Die Ananas schälen und klein würfeln. Die Chili entkernen und fein hacken. Unter die Ananas mischen und auf die Eisformen verteilen. Mit dem Ananassaft auffüllen und etwa 1 Stunde tiefkühlen. Dann herausnehmen, die Eisstiele einsetzen und über Nacht gefrieren lassen.

Die Formen kurz mit lauwarmem Wasser abspülen und das Eis herauslösen.

Tipp für alle Paletas: Falls nicht sofort verwendet, das Eis in Frischhaltefolie eingewickelt im Gefrierfach aufbewahren.

GURKEN-JALAPEÑO-PALETAS

Diese erfrischenden Paletas können sehr gut als Zwischengang in einem Menü oder zum Brunch serviert werden.

Für 4 Stück

1 Salatgurke, ungeschält
40 g Zucker
100 ml Wasser
1 EL Zitronen- oder Limettensaft
1 EL gehackte Minze
½ grüne Jalapeño-Chili

Von der Gurke 12 dünne Scheiben abschneiden und beiseitelegen. Die restliche Gurke in Stücke schneiden und pürieren. Zucker und Wasser aufkochen, bis der Zucker aufgelöst ist. Abkühlen lassen. Zitronen- oder Limettensaft sowie die Minze unter den Zuckersirup rühren, dann abseihen.

Die Chili entkernen, fein hacken und unter die Gurkenmasse rühren. In Eisformen füllen und etwa 1 Stunde tiefkühlen. Die Eisstiele einsetzen und über Nacht im Gefrierfach gefrieren lassen.

Die Formen mit lauwarmem Wasser abspülen und das Eis herauslösen. Das Eis in gekühlten, mit ein wenig zerstoßenem Eis gefüllten Gläsern servieren. So schmilzt es nicht so schnell. Nach Belieben mit Minzezweiglein dekorieren.

Ice Pops

HIMBEER-JOGHURTEIS AM STIEL

Für 6–8 Stück

JOGHURTSCHICHT
½ Vanillestange
100 ml Wasser
60 g Zucker
1 EL Honig
300 g griechischer Joghurt
100 ml Milch

HIMBEERPÜREE
50 g Himbeerpüree von pürierten,
    passierten Himbeeren
1 TL Wasser
1 TL Puderzucker

Die Vanillestange längs aufschlitzen und
das Mark herauskratzen. Stange und Mark
mit Wasser, Zucker und Honig in einen Topf
geben. Aufkochen, dann abkühlen lassen.
Die Vanillestange entfernen, nun Joghurt und
Milch darunterrühren.

Das Himbeerpüree mit Wasser und Puderzucker glatt rühren, in die Formen füllen und
darin etwas ungleichmäßig verteilen. Die
Joghurtmasse vorsichtig einfüllen, damit sich
die beiden Schichten nicht zu stark vermi-
schen. Die Formen etwa 1 Stunde tiefkühlen. Die Eisstiele einsetzen und das Eis über
Nacht im Gefrierfach gefrieren lassen.

Die Formen kurz mit lauwarmem Wasser
abspülen und das Eis herauslösen.

BLAUBEER-JOGHURTEIS AM STIEL

Für 6–8 Stück

JOGHURTSCHICHT
Siehe links

BLAUBEERPÜREE
50 g Blaubeerpüree von pürierten frischen
Blaubeeren
1 TL Wasser
1 TL Puderzucker

Gemäß Rezept links verfahren, dabei anstelle
von Himbeerpüree Blaubeerpüree verwenden.

74

Blaubeer-Joghurt-Eis am Stiel

SCHOKOLADEN-ICE-POPS
MIT KOKOS UND HASELNÜSSEN

Für 6 Stück

200 ml Milch
150 ml Rahm (Sahne)
3 Eigelb
60 g Zucker
75 g Zartbitterschokolade
  (50–70 % Kakaogehalt)

ÜBERZUG
100 g Zartbitterschokolade
  (50–70 % Kakaogehalt)
50 g Kokosraspel und gehackte Haselnüsse, gemischt

Milch und Rahm in einem Topf aufkochen.
Eigelbe und Zucker hell und schaumig
schlagen. Die noch warme Rahmmischung
unter ständigem Rühren in stetem Strahl
hineingießen. Die Masse zurück in den Topf
geben und auf den Herd setzen. Bei etwa
85 Grad unter kräftigem Schlagen andicken
lassen.

Die Masse in eine Schüssel umfüllen. Die
Schokolade hacken und in der noch warmen
Masse unter Rühren schmelzen. Abkühlen
lassen. In der Eismaschine gefrieren lassen
und mit einem Einwegspritzbeutel in Eisformen spritzen.

Die Formen ein paar Stunden tiefkühlen.
Wenn die Eismasse zu gefrieren beginnt,
die Eisstiele einsetzen und über Nacht im
Gefrierfach gefrieren lassen.

Die Formen kurz in heißes Wasser tauchen,
das Eis herauslösen, auf eine mit Butter-
brotpapier ausgelegte Platte legen und ins
Gefrierfach stellen.

Für den Überzug die Schokolade hacken und
schmelzen. Das Eis zuerst in die Schokolade
tunken und dann in der Kokosraspel-Hasel-
nuss-Mischung wenden.

»Eisstiele werden meist aus Buchen-
holz hergestellt, da dieses geschmacks-
neutral ist.«

LAKRITZ-ICE-POPS MIT WEISSEM SCHOKOLADENÜBERZUG

Für 6 Stück

1 Rezeptmenge Lakritzeis (siehe Seite 37)
100 g weiße Schokolade
1 TL Lakritzgranulat

Die Eismasse in der Eismaschine gefrieren lassen, in einen Einwegspritzbeutel füllen und in Eisformen spritzen. Die Eisstiele einsetzen und das Eis über Nacht tiefkühlen. Die Formen kurz mit lauwarmem Wasser abspülen und das Eis herauslösen. Auf eine mit Frischhaltefolie bespannte Platte legen und zurück ins Gefrierfach stellen.

Die Schokolade hacken und in der Mikrowelle vorsichtig schmelzen. Das Eis in die Schokolade tauchen und rasch mit dem Lakritzgranulat bestreuen, bevor die Schokolade fest wird. Direkt servieren oder in Frischhaltefolie einwickeln bzw. in eine Gefrierbox füllen und im Tiefkühler aufbewahren.

IRISH-COFFEE-ICE-POPS MIT DUNKLER SCHOKOLADE

Für 6 Stück

½ Rezeptmenge Whiskyeis (siehe Seite 32)
1 Espresso oder 1 EL löslicher Kaffee,
    in 1 EL heißem Wasser aufgelöst
100 g Zartbitterschokolade
    (50–70 % Kakaogehalt)

Das Whiskyeis nach Rezept zubereiten, dabei die Rahm-Milch-Mischung zusammen mit dem Espresso oder Kaffee aufkochen.

Die Eismasse in der Eismaschine gefrieren lassen, in einen Einwegspritzbeutel füllen und in Eisformen spritzen. Die Eisstiele einsetzen und das Eis über Nacht tiefkühlen.

Die Formen kurz mit lauwarmem Wasser abspülen und das Eis herauslösen. Auf eine mit Frischhaltefolie bespannte Platte legen und zurück ins Gefrierfach stellen.

Die Schokolade hacken und vorsichtig in der Mikrowelle schmelzen. Einen Ice-Lolly nach dem anderen in die Schokolade tauchen. Das Eis direkt servieren oder in Frischhaltefolie einwickeln bzw. in eine Gefrierbox füllen und im Tiefkühler aufbewahren.

SORBET UND GRANITÉ

Sorbet besteht aus Wasser, Zucker, einer aromatischen Zutat und eventuell Gelatine oder Eiweiß als Konsistenzgeber. Je nach den Hauptzutaten kann die Konsistenz eines Sorbets sehr unterschiedlich ausfallen. Mit säuerlichen Früchten oder Beeren wie Johannisbeeren, die viel Pektin enthalten, wird das Sorbet fein und cremig. Bei der Verwendung von Früchten mit wenig Pektin wie beispielsweise Kirschen oder bei der Zugabe von Wein oder Champagner sollte man hingegen Gelatine hinzufügen, damit das Sorbet nicht zu wässrig wird. Gibt man zu viel Zucker hinzu, friert das Sorbet nicht ordentlich, und dasselbe gilt auch für das Aromatisieren mit viel hochprozentigem Alkohol.

Ein Granité ist eine Eiszubereitung, die kaum misslingen kann. Es stammt ursprünglich aus Italien, wird dort »Granita« genannt und ist eigentlich etwas zwischen einem Getränk und einem Wassereis. Ein Granité hat eine gröbere Struktur als ein Sorbet. Es lässt sich sowohl als Zwischengang wie auch als Nachspeise servieren. Aromatisiert mit Alkohol oder Kaffee ist es ein erfrischendes Dessert für Erwachsene.

Granités lassen sich auf unterschiedliche Weise herstellen. Entweder man rührt die Masse während des Gefrierens, das fünf bis sechs Stunden in Anspruch nimmt, regelmäßig mit einer Gabel oder einem Schneebesen durch. Oder aber man rührt während des Gefrierens nicht um, sondern kratzt die Eiskristalle später mit einer Gabel auf. Letzteres empfiehlt sich vor allem, wenn das Granité mit Obst oder Beeren zubereitet wird, denn so entsteht eine leicht schneeartige Konsistenz.

Sorbets

MANGO-HIMBEER-SORBET

Für 8 Portionen

1 Blatt Gelatine
160 g Zucker
50 g Glukose
300 ml Wasser
225 g Himbeerpüree von pürierten,
    passierten Himbeeren
225 g Mangopüree von reifen, frischen
    oder tiefgekühlten pürierten Mangos

Die Gelatine 5–10 Minuten in einer Schale
mit kaltem Wasser einweichen. Zucker,
Glukose und Wasser aufkochen und vom
Herd nehmen. Die Gelatine aus dem Wasser
nehmen und unter Rühren in der heißen
Flüssigkeit auflösen. Die Hälfte der Flüssigkeit mit dem Himbeerpüree vermengen,
den Rest mit dem Mangopüree. Abkühlen
lassen.

Beide Mischungen separat in der Eismaschine
zu einem festen, cremigen Sorbet gefrieren
lassen. Die Sorbets getrennt voneinander
in denselben Behälter füllen. 1–2 Stunden
tiefkühlen. Mit frischen Himbeeren und
Mangostücken garniert servieren.

VANILLESORBET

Für 10–12 Portionen

4 Vanillestangen
900 ml Wasser
100 g Glukose
160 g Zucker
2 Blatt Gelatine

Die Vanillestangen längs aufschlitzen und
das Mark herauskratzen. Stangen und Mark
mit Wasser, Glukose und Zucker in einen
Topf geben. Etwa 10 Minuten kochen lassen.
Vom Herd nehmen und ein paar Minuten
abkühlen lassen.

Die Gelatine 5–10 Minuten in einer Schale
mit kaltem Wasser einweichen. Die Gelatine
herausheben und in der heißen Flüssigkeit
schmelzen. Abseihen, abkühlen lassen und in
der Eismaschine gefrieren lassen.

»Ein Sorbet wird in Frankreich oft
zwischen Vorspeise und Haupt-
gang serviert, um die Geschmacks-
nerven zu neutralisieren.«

SCHWARZES JOHANNISBEER-SORBET

Für 6–8 Portionen

Da Beeren wie Johannis- und Himbeeren viel Pektin enthalten, lassen sich aus ihnen wunderbare Sorbets ganz ohne Eismaschine herstellen. Durch das natürliche Bindemittel erhält das Sorbet eine cremige Konsistenz. Der Alkohol senkt den Gefrierpunkt des Sorbets und macht es weniger »eisig«.

300 ml Wasser
80 g Zucker
1 EL Honig
200 g schwarzes Johannisbeerpüree von
    pürierten, passierten Beeren
3 EL Wodka oder Gin

Wasser, Zucker und Honig aufkochen. Abkühlen lassen und mit dem schwarzen Johannisbeerpüree und dem Wodka verrühren. Das Sorbet in der Eismaschine gefrieren lassen oder in einen Behälter füllen. In diesem Fall das Sorbet stündlich mit einem Schneebesen durchrühren, bis es gefroren ist und eine schöne Konsistenz hat.

ERDBEERSORBET

Für 10 Portionen

2 Blatt Gelatine
1 kg Erdbeerpüree von pürierten frischen
    Erdbeeren
180 g Zucker
35 g Glukose

Die Gelatine 5–10 Minuten in einer Schale mit kaltem Wasser einweichen. Herausheben und zusammen mit wenig Erdbeerpüree in einem Topf schmelzen. Zucker, Glukose und das verbliebene Erdbeerpüree hinzufügen und rühren, bis der Zucker aufgelöst ist. Abkühlen lassen und in der Eismaschine gefrieren lassen.

RHABARBERSORBET

Für 4–6 Portionen

500 g Rhabarber, frisch oder tiefgekühlt
1 Blatt Gelatine
240 g Zucker
250 ml Wasser
60 g Glukose

Den Rhabarber in kleine Stücke schneiden. Die Gelatine 5–10 Minuten in einer Schale mit kaltem Wasser einweichen. Zucker und Wasser aufkochen, die Glukose hinzufügen und auf 104 Grad erhitzen. Über den Rhabarber gießen und im Mixer oder mit dem Pürierstab so fein wie möglich pürieren. Durch ein Sieb streichen.

Wenig Rhabarberpüree erhitzen, die Gelatine aus dem Wasser heben und darin schmelzen. Das verbliebene Püree darunterrühren und alles abkühlen lassen. In der Eismaschine zu einem festen, cremigen Sorbet verarbeiten. In einen Behälter füllen und 1–2 Stunden tiefkühlen.

Schwarzes Johannisbeersorbet

ANIS-PERNOD-SORBET

Für 6–8 Portionen

1 Blatt Gelatine
200 ml Pastis, Pernod oder Ricard
350 ml Wasser
80 g Zucker
½ EL Anissamen, im Mörser leicht
    zerstoßen
1 Zitrone, Saft

Die Gelatine 5–10 Minuten in einer Schale
mit kaltem Wasser einweichen.

Den Anisschnaps um die Hälfte einkochen.

Wasser, Zucker, Anis und Zitronensaft etwa
2 Minuten zu einem Sirup einkochen.
Vom Herd nehmen, abseihen und den Anisschnaps darunterrühren.

Die Gelatine leicht ausdrücken und unter
Rühren in der heißen Flüssigkeit auflösen.
Die Masse abkühlen und in der Eismaschine
gefrieren lassen. Das Sorbet vor dem
Servieren einige Stunden tiefkühlen.

ZITRONENSORBET IN DER ZITRONENSCHALE

Ein wunderbarer Zwischengang oder ein
leckeres Dessert. Servieren Sie dazu ein paar
Cantuccini und ein Glas Limoncello, den
italienischen Zitronenlikör. Sie können das
Sorbet natürlich auch in einen Behälter füllen
und in Serviergläsern reichen.

Für 6–8 Portionen

4 Zitronen
1½ Blatt Gelatine
120 g Zucker
100 g Glukose
350 ml Wasser

Die Zitronen längs halbieren, das Fruchtfleisch
herauslösen und die weiße, bittere Innen-
schicht der Schale entfernen. Das Fruchtfleisch
auspressen (es sollte ca. 250 ml Saft ergeben)
und den Saft beiseitestellen. Die gesäuberten
Zitronenschalen tiefkühlen.

Die Gelatine 5–10 Minuten in einer Schale
mit kaltem Wasser einweichen.

Zucker, Glukose und Wasser aufkochen und
rühren, bis der Zucker aufgelöst ist. Dann
vom Herd nehmen. Die Gelatine ausdrücken
und unter Rühren in der heißen Flüssigkeit
auflösen. Etwas abkühlen lassen, dann den
Zitronensaft darunterrühren. In der Eismaschine zu einem festen, cremigen Sorbet
gefrieren lassen. In die Zitronenschalen füllen
und mindestens 3–4 Stunden tiefkühlen.

Die mit Sorbet gefüllten Zitronenschalen
mit einem in heißes Wasser getauchten
Messer in Spalten schneiden. Ist die Schale
zu hart, ein paar Minuten antauen lassen,
dann in Spalten schneiden und bis zum Servieren ins Gefrierfach stellen.

GRAPEFRUITSORBET

Für 6–8 Portionen

3 rosa Grapefruits
1 Zitrone, Saft
2 Blatt Gelatine
120 g Zucker
50 g Honig
350 ml Wasser

Zwei der Grapefruits auspressen. Die dritte schälen und die Filets herauslösen. Grapefruitsaft, -filets und Zitronensaft mit dem Pürierstab mixen.

Die Gelatine 5–10 Minuten in einer Schale mit kaltem Wasser einweichen.

88

Zucker, Honig und Wasser aufkochen und köcheln lassen, bis sich der Zucker aufgelöst hat, dann vom Herd nehmen. Die Gelatine leicht ausdrücken und unter Rühren in der heißen Flüssigkeit auflösen. Das Zitruspüree darunterrühren. Abkühlen lassen und in der Eismaschine zu einem festen, cremigen Sorbet gefrieren lassen. 1–2 Stunden tiefkühlen, so lässt es sich leichter zu Kugeln formen.

ORANGENSORBET

Für 6–8 Portionen

4 Orangen
1 Zitrone, Saft
2 Blatt Gelatine
120 g Zucker
50 g Honig
350 ml Wasser

Die Orangen auspressen, den Orangensaft mit dem Zitronensaft mischen.

Die Gelatine 5–10 Minuten in einer Schale mit kaltem Wasser einweichen.

Zucker, Honig und Wasser aufkochen und köcheln lassen, bis der Zucker aufgelöst ist, dann vom Herd nehmen. Die Gelatine leicht ausdrücken und unter Rühren in der heißen Flüssigkeit auflösen. Den Zitrussaft darunterrühren. Abkühlen lassen und in der Eismaschine zu einem festen, cremigen Sorbet gefrieren lassen. 1–2 Stunden tiefkühlen, so lässt es sich leichter zu Kugeln formen.

YUZU-SORBET MIT LIMETTEN-BLÄTTERN

Für 8 Portionen

2 Blatt Gelatine
160 g Zucker
3 EL Honig
75 g Glukose
400 ml Wasser
2 Zweige Limettenblätter
1 Stängel Zitronengras
200 ml Zitronensaft
50 ml Yuzusaft (siehe Tipp)
flüssiger Honig

Die Gelatine 5–10 Minuten in einer Schale mit kaltem Wasser einweichen.

Zucker, Honig, Glukose, Wasser und Limettenblätter aufkochen. Das Zitronengras längs halbieren und leicht zerstoßen, in den Topf geben und einige Minuten mitkochen. Vom Herd nehmen, die Gelatine leicht ausdrücken und unter Rühren in der heißen Flüssigkeit auflösen. Abkühlen lassen.

Limettenblätter und Zitronengras entfernen. Zitronen- und Yuzusaft daruntermischen. In der Eismaschine zu einem festen, cremigen Sorbet gefrieren lassen. Vor dem Servieren 1–2 Stunden tiefkühlen. Mit Honig beträufelt servieren.

Tipp: Yuzu ist eine japanische Zitrusfrucht mit einem besonders intensiven und komplexen Zitrusaroma; Früchte und Saft sind in Asia-Shops und im Online-Handel erhältlich.

Yuzu-Sorbet mit Limettenblättern

SCHOKOLADENSORBET

Für 8 Portionen

1 Blatt Gelatine
500 ml Wasser
60 g ungesüßtes Kakaopulver
120 g Zucker
200 ml Wasser
40 g Honig
½ Orange, abgeriebene Schale und Saft

Die Gelatine 5–10 Minuten in einer Schale mit kaltem Wasser einweichen.

500 ml Wasser mit dem Kakao aufkochen und rühren, bis der Kakao aufgelöst ist.

Den Zucker mit den 200 ml Wasser und dem Honig ein paar Minuten kochen, dann vom Herd nehmen. Die Gelatine leicht ausdrücken und unter Rühren in der heißen Flüssigkeit auflösen. Kakao, Zuckersirup, Orangenschale und -saft darunterrühren. Abkühlen lassen und in der Eismaschine zu einem festen, cremigen Sorbet gefrieren lassen. Vor dem Servieren 1–2 Stunden tiefkühlen.

MILCHSCHOKOLADENSORBET

Für 10–12 Portionen

2 Blatt Gelatine
600 ml Zuckersirup (siehe Seite 144)
100 g ungesüßtes Kakaopulver
400 ml Milch
100 g Vollmilchschokolade, klein gehackt

Die Gelatine 5–10 Minuten in einer Schale mit kaltem Wasser einweichen.

Zuckersirup und Kakao aufkochen, bis der Kakao aufgelöst ist. Vom Herd nehmen und ein paar Minuten abkühlen lassen. Die Gelatine leicht ausdrücken und unter Rühren in der heißen Flüssigkeit auflösen. Die Milch hinzufügen, alles über die klein gehackte Schokolade gießen und glatt rühren. Abkühlen lassen und in der Eismaschine gefrieren lassen.

WEISSES SCHOKOLADENSORBET

Für 12 Portionen

1 Blatt Gelatine
700 ml Wasser
200 ml Milch
300 g Glukose oder Honig
200 g weiße Schokolade, klein gehackt

Die Gelatine 5–10 Minuten in einer Schale mit kaltem Wasser einweichen.

Wasser, Milch und Glukose oder Honig aufkochen. Die Gelatine leicht ausdrücken und unter Rühren in der heißen Flüssigkeit auflösen. Alles über die klein gehackte Schokolade gießen und glatt rühren. Abkühlen lassen und in der Eismaschine gefrieren lassen. Nach Belieben mit frischen Himbeeren oder Erdbeeren servieren.

Granité

MOJITO-GRANITÉ

Für 4–6 Portionen

300 ml Wasser
80 g Rohzucker
100 ml brauner Rum
1 Limette, fein abgeriebene Schale
   und Saft
1 großes Bund frische Minze

Wasser und Zucker aufkochen. Abkühlen lassen,
dann Rum, Limettenschale und -saft hinzufügen. Die Minze grob hacken, darunterrühren
und mit dem Pürierstab alles fein pürieren.
Die Masse in einen flachen Behälter füllen und
ins Gefrierfach stellen. Stündlich mit einem
Schneebesen durchrühren, bis sich nach
5–6 Stunden feine Eiskristalle gebildet haben.

Alternativ über Nacht gefrieren lassen und
am folgenden Tag mit einer Gabel durchrühren und in Eiskristalle zerteilen oder ein
paar Minuten bei Zimmertemperatur antauen
lassen und mit dem Handmixer kurz durchrühren.

Das Granité bis zum Servieren ins Gefrierfach
stellen. Zum Servieren in vorgekühlte Gläser
füllen.

Tipp: Zum Kühlen die Gläser einige Minuten
in den Tiefkühler geben.

CAMPARI-ORANGE-GRANITÉ

Für 6–8 Portionen

80 g Zucker
200 ml Wasser
300 ml frisch gepresster Orangensaft
300 ml Campari

Zucker und Wasser aufkochen. Abkühlen
lassen, dann Orangensaft und Campari
hinzufügen. In einen flachen Behälter oder
auf ein kleines Blech gießen und ins Gefrierfach stellen. Stündlich mit einem Schneebesen durchrühren, bis sich nach 5–6 Stunden
feine Eiskristalle gebildet haben.

Alternativ über Nacht gefrieren lassen und
am folgenden Tag mit einer Gabel durchrühren und in Eiskristalle zerteilen oder ein paar
Minuten bei Zimmertemperatur antauen lassen
und mit dem Handmixer kurz durchrühren.

Das Granité bis zum Servieren ins Gefrierfach
stellen. Zum Servieren in vorgekühlte Gläser
füllen.

»Ein mit Alkohol aromatisiertes Granité
ist im Sommer eine tolle Alternative
zum klassischen Aperitif.«

Mojito-Granité

HIMBEER-GRANITÉ

Für 4 Portionen

225 g tiefgekühlte Himbeeren
100 ml Wasser
40 g Rohzucker oder Zucker
100 ml Rotwein

Himbeeren und Wasser aufkochen. In einem
Sieb über einer Schüssel gründlich abtropfen
lassen und ausdrücken. Den Himbeersaft
mit Zucker und Rotwein verrühren, bis der
Zucker aufgelöst ist. In einen flachen Behälter
oder auf ein kleines Blech gießen und über
Nacht tiefkühlen. Am folgenden Tag mit
einer Gabel durchrühren und in Eiskristalle
zerteilen oder ein paar Minuten bei Zimmertemperatur antauen lassen und mit dem
Handmixer durchrühren.

Das Granité bis zum Servieren ins Gefrierfach
stellen. In vorgekühlten Gläsern servieren.

NEKTARINEN-GRANITÉ

Für 6–8 Portionen

10 Nektarinen
80 g Zucker

Die Nektarinen schälen und entsteinen,
das Fruchtfleisch mit dem Zucker im Mixer
fein pürieren. Das Püree in einen flachen
Behälter füllen und etwa 6 Stunden tiefkühlen. Dabei regelmäßig mit einer Gabel
auflockern. Zum Servieren in vorgekühlte
Gläser füllen.

EISTEE-GRANITÉ

Für 6–8 Portionen

500 ml Wasser
2 EL schwarzer Tee
120 g Zucker
200 ml Pfirsichsaft

Wasser und Tee aufkochen. Den Topf vom Herd
nehmen und den Tee ein paar Minuten ziehen
lassen. Abseihen, den Zucker hinzufügen
und unter Rühren auflösen. Mit dem Pfirsichsaft mischen und in eine flache Form oder
auf ein kleines Blech gießen. Ins Gefrierfach
stellen und stündlich mit einem Schneebesen durchrühren, bis sich nach 5–6 Stunden
feine Eiskristalle gebildet haben.

Alternativ über Nacht gefrieren lassen und
am folgenden Tag mit einer Gabel durchrühren und in Eiskristalle zerteilen oder ein
paar Minuten bei Zimmertemperatur
antauen lassen und mit dem Handmixer kurz
durchrühren.

Das Granité bis zum Servieren ins Gefrierfach
stellen. Zum Servieren in vorgekühlte Gläser
füllen.

»Schon vor über 3000 Jahren kannte
man in China geeiste Süßspeisen.
Nachdem Marco Polo das Rezept dazu
von seiner Chinareise nach Venedig
zurückgebracht hatte, verbreiteten
sie sich im 14. Jahrhundert in ganz
Europa.«

LAKRITZ-CHAMPAGNER-GRANITÉ

Für 10 Portionen

80 g Rohzucker oder Zucker
200 ml Wasser
1 EL Honig
600 ml Champagner oder Sekt
1 TL Lakritzgranulat oder 2 TL Lakritz-
    pulver
frische Himbeeren zum Garnieren

Zucker, Wasser und Honig zu einem Sirup
einkochen. Vom Herd nehmen und abkühlen
lassen, dann den Champagner hinzufügen.
In einen flachen Behälter füllen und ins Gefrierfach stellen. Stündlich mit einem Schneebesen
durchrühren, bis sich nach 5–6 Stunden
feine Eiskristalle gebildet haben. Das Lakritzgranulat zuletzt unter das fast fertige Granité
rühren. Zum Servieren in vorgekühlte Gläser
füllen und mit Himbeeren garnieren.

ROSÉWEIN-GRANITÉ

Für 6–8 Portionen

200 ml Zuckersirup (siehe Seite 144)
100 ml Wasser
600 ml Roséwein

Alle Zutaten in einer Schüssel oder einer flachen
Form verrühren. Die Schüssel ins Gefrierfach
stellen und stündlich mit einem Schneebesen
durchrühren, bis sich nach 5–6 Stunden
feine Eiskristalle gebildet haben. Zum Servieren in vorgekühlte Gläser füllen.

Tipp: Den Roséwein kann man auch durch
Rot- oder Weißwein ersetzen.

KAFFEE-GRANITÉ

Für 5 Portionen

½ l kalter Kaffee
100 ml Zuckersirup (siehe Seite 144)
evtl. ein paar Tropfen Kaffeelikör

Alle Zutaten in einer Schüssel oder einer
flachen Form verrühren. Die Schüssel ins
Gefrierfach stellen und stündlich mit einem
Schneebesen durchrühren, bis sich nach
5–6 Stunden feine Eiskristalle gebildet haben.
Zum Servieren in vorgekühlte Gläser füllen.

WASSERMELONEN-GRANITÉ

Für 6–8 Portionen

800 g Wassermelonenfruchtfleisch,
    geschält, entkernt
1 Granatapfel, Kerne ausgelöst
40 g Rohzucker oder Zucker
2 Limetten, Saft

Das Wassermelonenfruchtfleisch mit der
Hälfte der Granatapfelkerne pürieren.

Den Zucker in einem Topf schmelzen, den
Limettensaft hinzufügen, vom Herd nehmen
und das Melonenpüree darunterrühren.
Die Masse in einen flachen Behälter füllen
und ins Gefrierfach stellen. Stündlich
mit einem Schneebesen durchrühren, bis
sich nach 5–6 Stunden feine Eiskristalle
gebildet haben.

Alternativ über Nacht gefrieren lassen und
am folgenden Tag mit einer Gabel durchrühren und in Eiskristalle zerteilen oder ein
paar Minuten bei Zimmertemperatur antauen
lassen und mit dem Handmixer kurz durchrühren.

Das Granité bis zum Servieren ins Gefrierfach
stellen. Zum Servieren in vorgekühlte
Gläser füllen und mit den verbliebenen Gra-
natapfelkernen garnieren.

JOGHURT-GRANITÉ

Für 6–8 Portionen

160 g Zucker
200 ml Wasser
500 g Naturjoghurt

Zucker und Wasser aufkochen und abkühlen lassen. Mit dem Joghurt verrühren,
in einen flachen Behälter füllen und etwa
6 Stunden tiefkühlen. Zum Servieren
das Granité mit einem Löffel oder einer
Gabel herauskratzen.

Tipp: Dieses Granité lässt sich ausgezeichnet
als Zwischengang servieren. Den Zuckersirup kann man nach Belieben auch mit dem
Mark einer ausgekratzten Vanillestange
oder mit fein gehackten frischen Kräutern
aromatisieren.

EISTERRINEN, EISTORTEN UND KLASSISCHE EISSPEZIALITÄTEN

Farbenfrohe Eisterrinen und Eistorten herzustellen, ist zwar nicht schwierig, nimmt allerdings etwas Zeit und Geduld in Anspruch. Das Beste daran ist, dass man sie im Voraus zubereiten und bis zum Servieren ins Gefrierfach stellen kann. Wenn die Gäste da sind, kann man ganz entspannt sein, denn man braucht nur noch anzurichten!

Klassische Eisspezialitäten gibt es viele. Ich habe hier ein paar ausgewählte Klassiker wie Banana Split, Pfirsich Melba oder geeisten Schokoladen-Mudcake zusammengestellt. Und natürlich dürfen auch einige meiner neuen Lieblingssorten, wie Whoopie-Eis und Schokoladeneis-Terrine mit Oreo-Keksen nicht fehlen.

FESTLICHE HIMBEER-MANGO-EISTORTE

Für 10–12 Portionen

BAISERBODEN
2 Eiweiß (Eigelbe für die Eiscreme beiseite-
    stellen)
½ TL frisch gepresster Zitronensaft
60 g Zucker
100 g Puderzucker

HIMBEEREIS
½ Rezeptmenge Vanilleeis (siehe Seite 12)
200 g Himbeerpüree von pürierten,
    passierten Himbeeren

MANGOEIS
300 ml Rahm (Sahne)
3 Eigelb
45 g Puderzucker
225 g Mangopüree von pürierten frischen
    Früchten oder (tiefgekühlt) fertig gekauft

GARNITUR
200 ml Rahm (Sahne)
1 TL Vanillezucker
1 Mango, geschält in Scheiben geschnitten
200 g Himbeeren

Für das Baiser den Backofen auf 150 Grad
vorheizen.
Eiweiß und Zitronensaft mit dem Handrührgerät schaumig schlagen. Dann auf niedriger Stufe die Hälfte des Zuckers darunterrühren. Den verbliebenen Zucker beifügen
und auf höherer Stufe ein paar Minuten
weiterschlagen. Den Puderzucker sieben und
unter die Baisermasse heben.

Die Masse in einen Spritzbeutel mit glatter
oder Sterntülle füllen und zu einem runden
Boden von 22 cm Durchmesser auf ein Stück
Backpapier spritzen. In der Mitte des vorgeheizten Ofens etwa 4 Minuten backen, dann
die Temperatur auf 100 Grad reduzieren
und weitere 50–60 Minuten trocknen lassen.
Herausnehmen und auf einem mit Backpapier
belegten Kuchengitter abkühlen lassen.

Das Vanilleeis nach Rezept Seite 12 zubereiten. Nach dem Erkalten der Masse das
Himbeerpüree unterrühren und in der Eismaschine gefrieren lassen.

Eine Springform von 22 cm Durchmesser
mit Frischhaltefolie auskleiden. Den Baiserboden hineinlegen. Das Himbeereis auf
dem Baiserboden verteilen und die Form ins
Gefrierfach stellen.

Für das Mangoeis den Rahm steif schlagen
und in den Kühlschrank stellen. Eigelbe
und Puderzucker in einer separaten Schüssel
schaumig schlagen. Das Mangopüree und
den Schlagrahm darunterheben. Auf der
Himbeerschicht verstreichen und mindestens
5–6 Stunden tiefkühlen.

Für die Garnitur den Rahm mit Vanillezucker
steif schlagen und in kleinen Rosetten auf
die Eistorte spritzen. Die Eistorte nochmals
mindestens 1 Stunde tiefkühlen. Dann herausnehmen und mit frischer Mango und Himbeeren garnieren. Zum Servieren in Torten-
stücke aufschneiden.

Tipp: Dazu passt Himbeersauce oder heiße
Karamellsauce. Siehe Seite 142–143.

Festliche Himbeer-Mango-Eistorte

SORBET-JOGHURT-TERRINE

Für 10–12 Portionen

HIMBEER- UND MANGOSORBET
1 Blatt Gelatine
160 g Zucker
50 g Glukose
300 ml Wasser
225 g Himbeerpüree von pürierten,
    passierten Himbeeren
225 g Mangopüree von pürierten reifen
    Mangos oder (tiefgekühlt) fertig
    gekauft
½ Rezeptmenge Vanilleeis (siehe Seite 12)

BROMBEER-JOGHURTEIS
200 g Brombeerpüree von pürierten,
    nach Belieben passierten Brombeeren
60 g Puderzucker
350 g griechischer Joghurt
100 g Vanillejoghurt

Eine Terrinen- oder Kastenform von 2 Liter Inhalt mit Frischhaltefolie auskleiden.

Für die Sorbets die Gelatine 5–10 Minuten in einer Schale mit kaltem Wasser einweichen. Zucker, Glukose und Wasser aufkochen. Die ausgedrückte Gelatine unter Rühren in der heißen Flüssigkeit auflösen. Die Hälfte davon unter das Himbeerpüree rühren, den Rest unter das Mangopüree.

Zuerst das Himbeersorbet in der Eismaschine gefrieren lassen. Das fertige Sorbet auf dem Boden der vorbereiteten Form verstreichen. Die Form ins Gefrierfach stellen. Anschließend das Vanilleeis nach Rezept Seite 12 zubereiten und in der Eismaschine gefrieren lassen. Das fertige Vanilleeis über dem Himbeersorbet verteilen und wieder ins Gefrierfach stellen.

Nun das Mangosorbet in der Eismaschine gefrieren lassen und über dem Vanilleeis verstreichen. Die Form zurück ins Gefrierfach stellen.

Für das Joghurteis das Brombeerpüree und den Puderzucker verrühren. Joghurt und Vanillejoghurt unterrühren. Die Masse in der Eismaschine zu einem cremigen Eis gefrieren und anschließend auf dem Mangosorbet verstreichen. Die Form zurück ins Gefrierfach stellen und mindestens 5–6 Stunden tiefkühlen.

Etwa 10 Minuten vor dem Servieren aus dem Gefrierfach nehmen. Die Terrine aufschneiden und mit frischen Beeren servieren. Schön ist es auch, sie mit essbaren Blumen zu garnieren.

MINZSCHOKOLADENEIS-SCHNITTEN

Diese superleckeren erfrischenden Eisschnitten lassen sich gut vorbereiten und tiefgekühlt lange lagern.

Für 16 Stück

BODEN
200 g Marzipanrohmasse
2 Eier
1½ EL ungesüßtes Kakaopulver

MINZSCHOKOLADENEIS
300 ml Rahm (Sahne)
3 Eigelb (Zimmertemperatur)
40 g Puderzucker
100 g weiße Schokolade, gehackt
6–7 Tropfen Minzöl oder 3 TL Minzlikör
1 großes Bund frische Minze

SCHOKOLADENGLASUR
100 g Zartbitterschokolade
   (50–70 % Kakaogehalt), gehackt
100 ml Rahm (Sahne)

Für den Boden den Backofen auf 175 Grad vorheizen. Das Marzipan fein reiben und mit den Eiern verrühren. Den Kakao sieben und unterziehen. Eine quadratische Form von etwa 24 cm Seitenlänge mit Butter einfetten und bemehlen. Den Teig einfüllen, glatt streichen und in der Mitte des vorgeheizten Ofens 10–12 Minuten backen. Aus dem Ofen nehmen und abkühlen lassen.

Für das Eis den Rahm leicht aufschlagen. Eigelbe und Puderzucker schaumig schlagen. Die Schokolade bei niedriger Wattzahl in der Mikrowelle oder über einem warmen Wasserbad schmelzen. Dann unter die Eismasse rühren. Minzöl oder -likör hinzufügen und den Rahm darunterheben. Die Minze fein hacken und darunterrühren. Die Masse auf dem vollständig abgekühlten Teigboden verteilen, glatt streichen und etwa 5 Stunden tiefkühlen.

Für die Glasur die Schokolade in eine Schüssel geben. Den Rahm aufkochen, über die Schokolade gießen und rühren, bis die Schokolade geschmolzen ist. Die Glasur auf der Eistorte verstreichen und diese noch mindestens 2 Stunden tiefkühlen. Um Stücke mit sauberen Kanten schneiden zu können, muss das Eis richtig fest gefroren sein. Nach Belieben mit frischer Minze dekorieren.

109

WEISSE SCHOKOLADENEIS-TERRINE MIT OREO-KEKSEN

Ergibt 10–12 Scheiben

500 ml Rahm (Sahne)
5 Eigelb
80 g Zucker
200 g weiße Schokolade, fein gehackt
100 ml Rahm (Sahne)
etwa 150 g Oreo-Kekse

Die erste Portion Rahm (500 ml) steif schlagen. Eigelbe und Zucker in einer separaten Schüssel schaumig schlagen. Die Schokolade über einem heißen Wasserbad oder in mehreren Intervallen in der Mikrowelle schmelzen; dabei behutsam vorgehen, damit die Schokolade nicht anbrennt, denn sonst wird sie körnig und zäh und lässt sich nicht wieder schmelzen. Ab und zu umrühren. Die 100 ml Rahm aufkochen und die Schokolade darunterrühren. Die Schokoladenmischung unter die Eimasse ziehen. Dann den Rahm darunterheben.

Die Kekse grob hacken. Eine Terrinen- oder Kastenform mit Frischhaltefolie auskleiden und eine Schicht Eismasse einfüllen. Mit Keksbröseln bestreuen, wiederum eine Schicht Eismasse einfüllen und so fortfahren, bis alles aufgebraucht ist. Die Form mindestens 8 Stunden tiefkühlen.

Die Terrine in etwa 1½ cm dicke Scheiben schneiden. Mit Dessertwein, zum Beispiel Marsala, servieren und nach Belieben mit frischen Kirschen, Brombeeren oder schwarzen Johannisbeeren garnieren.

MOKKA-SCHOKOLADEN-EISTORTE

Für 12 Stücke

BODEN
200 g Marzipanrohmasse
2 Eier
1½ EL ungesüßtes Kakaopulver

FÜLLUNG
300 ml Rahm (Sahne)
3 Eigelb
45 g Puderzucker
1 EL lösliches Kaffeepulver, in 1 EL
    heißem Wasser aufgelöst
50 g Zartbitterschokolade
    (50–70 % Kakaogehalt), klein gehackt
50 g Daim (Karamell-Schoko-Riegel),
    gehackt
1 EL gehackte Zartbitterschokolade
    (50–70 % Kakaogehalt)

Den Backofen auf 175 Grad vorheizen. Das Marzipan fein reiben und die Eier unterrühren. Den Kakao dazusieben und unterrühren. Eine Springform von 22 cm Durchmesser fetten und bemehlen. Den Teig einfüllen und glatt streichen. In der Mitte des vorgeheizten Ofens 10–12 Minuten backen. Abkühlen lassen.

Für die Füllung den Rahm leicht aufschlagen. Eigelbe und Puderzucker schaumig schlagen. Den Kaffee unter die Eimasse rühren. Die 50 g Schokolade schmelzen und unter die Eimasse ziehen. Den Rahm und die gehackten Daim darunterheben. Die Masse in die Form füllen und etwa 15 Stunden tiefkühlen.

Mit gehackter Schokolade bestreuen.

GEFRORENER ERDBEER-CHEESECAKE

Für 10 Portionen

BODEN
12 Vollkorn-Butterkekse
40 g Butter
1 EL Zucker

FÜLLUNG
300 g Doppelrahmfrischkäse oder hausge-
   machter Frischkäse (siehe Seite 51)
3 Eigelb und 3 Eiweiß
160 g Zucker
1 TL Vanillezucker
250 g Erdbeerpüree von frischen,
   pürierten Erdbeeren
300 ml Rahm (Sahne)

2 Kekse zum Bestreuen

Für den Boden die Kekse im Mixer zerkleinern.
Die Butter schmelzen und darunterarbeiten,
dann den Zucker daruntermixen. Die Brösel-
masse in einer Springform von 24 cm Durchmesser verteilen und mit einem Löffelrücken
andrücken. Die Form ins Gefrierfach stellen.

Für die Füllung Frischkäse, Eigelbe und
Zucker glatt rühren. Vanillezucker und Erdbeerpüree daruntermengen. Den Rahm
steif schlagen und unter die Masse heben.
Die Eiweiße in einer separaten Schüssel steif
schlagen und darunterziehen. Die Masse in
die Form füllen und mindestens 5–6 Stunden gefrieren lassen. Um die Eistorte länger
aufzubewahren, mit Frischhaltefolie abdecken. Mit frischen Erdbeeren und Erdbeersauce servieren (siehe Seite 143).

Tipp: Für einen Himbeer-Cheesecake das
Erdbeerpüree durch dieselbe Menge an
Himbeerpüree ersetzen.

»über Kaiser Nero wird berichtet, dass
er im Jahr 50 n. Chr. einen Staffellauf von Rom in die Alpen anordnete,
um dort Eis und Schnee holen zu
lassen.«

Gefrorener Erdbeer-Cheesecake

SCHOKOLADEN-LAKRITZ-SCHNITTEN

Die hier beschriebenen Böden können mit einer Eiscreme nach Wahl gefüllt werden. Als Dessert passen dazu frische Früchte und eine der Saucen von Seite 142.

Für 24 Schnitten

1 Rezeptmenge Lakritzeis (siehe Seite 37) oder ein anderes Eis nach Wahl

FÜR 2 SCHOKOLADENBÖDEN
150 g weiche Butter
100 g Zucker
2 Eier
120 g Weizenmehl
2 TL ungesüßtes Kakaopulver
½ TL Backpulver
1 Prise Salz
½ TL Vanillezucker

Den Backofen auf 150 Grad vorheizen. Butter und Zucker zu einer hellen, cremigen Masse aufschlagen. Nach und nach die Eier darunterrühren. Mehl, Kakao, Backpulver und Salz mischen, zur Eimasse sieben und alles gut vermengen.

Zwei Backbleche mit Backpapier oder Silikonmatten auslegen und den Teig 4–5 cm dick darauf ausstreichen. Im vorgeheizten Ofen 7–8 Minuten backen. Herausnehmen und einige Minuten abkühlen lassen. Jeden Boden quer halbieren. Die eine Hälfte mit der Eiscreme bestreichen und die zweite Hälfte auflegen. Dann 3–4 Stunden tiefkühlen.

Die fertigen Schnitten herausnehmen und in Stücke von 5 x 10 cm Seitenlänge schneiden. In einem Gefrierbehälter mit Deckel oder in Frischhaltefolie eingewickelt aufbewahren.

BANANA SPLIT

Für 4 Portionen

200 ml Rahm (Sahne)
4 Bananen
4 Kugeln Vanilleeis (siehe Seite 12)
4 Kugeln Erdbeereis (siehe Seite 12)
4 Kugeln Schokoladeneis (siehe Seite 21)
1 Rezeptmenge Schokoladensauce
    (siehe Seite 142)
1 Rezeptmenge Erdbeersauce
    (siehe Seite 143)
1 EL Mandelblättchen, trocken geröstet
4–8 Erdbeeren oder Kirschen

Den Rahm steif schlagen und in einen Spritzbeutel füllen. Die Bananen schälen, längs halbieren und je zwei Hälften auf einen Dessertteller legen. Mit je einer Kugel Vanille-, Erdbeer- und Schokoladeneis belegen und mit Rahm verzieren. Mit wenig Schokoladen- und Erdbeersauce beträufeln und die verbliebene Sauce separat dazu reichen. Mit den Mandelblättchen bestreuen und mit Erdbeeren oder Kirschen garnieren.

PFIRSICH MELBA

Ein Klassiker, der nie aus der Mode kommt!

Für 4 Portionen

200 ml Rahm (Sahne)
2 frische Pfirsiche
1 l Vanilleeis (siehe Seite 12)
1 Rezeptmenge Himbeersauce
    (siehe Seite 143)
100 g frische Himbeeren
1 EL Mandelblättchen, trocken geröstet

Den Rahm leicht aufschlagen. Wasser in einem Topf zum Kochen bringen. Die Pfirsiche oben und unten kreuzweise einschneiden, kurz in kochendes Wasser tauchen, dann herausheben und in einem Eiswasserbad abschrecken. Die Pfirsiche abkühlen lassen, schälen, halbieren und entsteinen.

Das Vanilleeis auf Coupegläser verteilen und mit Pfirsichen, Himbeersauce, Rahm und frischen Himbeeren garnieren. Mit den Mandelblättchen bestreuen.

EIS-MUDCAKE

Ergibt 10–12 Stücke

SCHOKOLADENBODEN
150 g kalte Butter
300 g Weizenmehl
20 g ungesüßtes Kakaopulver
40 g Zucker
1 Prise Salz
2 EL kaltes Wasser
1 Ei
1 Eigelb

SCHOKOLADENFÜLLUNG
250 g Zartbitterschokolade
    (50–70 % Kakaogehalt), fein gehackt
125 g Butter, zimmerwarm
75 g Honig
3 Eigelb und 3 Eiweiß

KAFFEEFÜLLUNG
3 Eigelb
100 g Puderzucker
250 ml Milch
½ Vanillestange samt ausgekratztem Mark
    oder 2 TL Vanillezucker
3 TL Kaffeepulver, in 1 EL heißem Wasser
    angerührt
200 ml Rahm (Sahne)

Die Butter würfeln und in eine Rührschüssel
geben. Rasch mit Mehl, Kakao, Zucker,
Salz und Wasser vermengen. Ei und Eigelb
hinzufügen, alles zu einem glatten Mürbeteig verarbeiten und zu einer Kugel formen.
Den Teig in Frischhaltefolie wickeln und
1 Stunde im Kühlschrank ruhen lassen.

Den Teig mit einem Teigroller etwa ½ cm
dick ausrollen. Eine Springform von 24 cm
Durchmesser damit auslegen, einen Rand
hochziehen, den Teig andrücken und die
Kanten mit einem Messer geradeschneiden.
Den Teigboden mit einer Gabel einstechen.
Etwa 1 Stunde im Kühlschrank ruhen lassen.

Den Backofen auf 190 Grad vorheizen.
Den Teigboden mit Alufolie oder Backpapier
belegen und mit getrockneten Bohnen
beschweren. Den Boden etwa 15 Minuten
im vorgeheizten Ofen blindbacken. Herausnehmen, Bohnen und Papier entfernen und
abkühlen lassen.

Für die Schokoladenfüllung die Schokolade
mit Butter und Honig über einem heißen
Wasserbad schmelzen. Die Eigelbe und
Eiweiße in separaten Schüsseln aufschlagen.
Die Schokolade vom Herd nehmen, die
Eigelbe unterrühren und anschließend rasch
den Eischnee darunterheben. Die Füllung
auf den gebackenen Teigboden gießen und
ein paar Stunden tiefkühlen.

Für die Kaffeefüllung die Eigelbe und den
Puderzucker schaumig schlagen. Die Milch,
falls verwendet, mit Vanillestange samt
-mark aufkochen und über die Eigelbe gießen.
Alles zurück in den Topf geben und unter
kräftigem Rühren auf 84 Grad erhitzen, bis
die Masse andickt. Vom Herd nehmen und
in einem kalten Wasserbad weiterschlagen,
bis die Masse abgekühlt ist. Den Kaffee
und, falls dieser verwendet wird, den Vanillezucker unter die Masse rühren. Den Rahm
leicht aufschlagen und unterheben. Die Masse
in der Eismaschine zu einem festen, cremigen

Eis gefrieren. Das Kaffeeeis auf der Schokoladenfüllung verteilen und die Eistorte zurück ins Gefrierfach stellen und gut fest werden lassen.

Glasur
100 g Zartbitterschokolade
  (50–70 % Kakaogehalt), fein gehackt
100 ml Rahm (Sahne)

Für die Glasur die Schokolade in eine Schüssel geben. Den Rahm aufkochen, über die Schokolade gießen und zu einer glatten Masse rühren. Die Glasur auf die Eistorte gießen und die Oberfläche rasch damit überziehen. Die Torte bis zur Verwendung ins Gefrierfach geben. Zum Servieren in Portionsstücke schneiden. Dazu passt eine Karamell-Honig-Sauce (siehe unten).

Karamell-Honig-Sauce
25 g Honig
100 g Zucker
100 ml Rahm (Sahne)
50 g Butter

Den Honig in einem Topf schmelzen, nach und nach den Zucker hinzufügen und alles zu einem hellen Karamell einkochen. Den Rahm dazugießen, den Topf vom Herd nehmen und die Butter unterrühren.

WHOOPIE-EIS

Für 30 Stück (60 Kekse)

3 Eier
160 g Zucker
40 g Muskovado-Zucker
50 g Butter, geschmolzen
100 g Crème fraîche
200 g Weizenmehl
2 TL Backpulver
20 g ungesüßtes Kakaopulver

1 Rezeptmenge Vanilleeis (siehe Seite 12)
1 Rezeptmenge Karamell- oder Schokoladensauce (siehe Seite 142) und Blaubeeren zum Garnieren

Den Backofen auf 175 Grad vorheizen.

Eier, Zucker und Muskovado-Zucker schaumig schlagen. Die abgekühlte geschmolzene Butter etwas abkühlen lassen. Die Crème fraîche darunterrühren und diese Mischung anschließend unter die Eimasse mengen. Mehl, Backpulver und Kakaopulver mischen, dazusieben und glatt rühren. Die Masse in einen Einwegspritzbeutel füllen und in Tupfen auf mit Backpapier ausgelegte Backbleche spritzen. In der Mitte des vorgeheizten Ofens 10–12 Minuten hellbraun backen (die Kekse nicht zu dunkel werden lassen).

Je zwei Kekse mit etwas Eis dazwischen zusammensetzen. Mit Karamell- oder Schokoladensauce und Blaubeeren servieren. Oder die fertig zusammengesetzten Whoopies im Gefrierfach aufbewahren.

SCHWEDISCHE EISBOOTE MIT HIMBEERFÜLLUNG

Für 6 Küchlein

MÜRBETEIG
75 g Butter
30 g Puderzucker
100 g Weizenmehl
1 EL Wasser

FÜLLUNG
½ Vanillestange oder 2 TL Vanillezucker
30 g Puderzucker
2 Eigelb
300 ml Rahm (Sahne)
3 EL Himbeerkonfitüre
75–100 g Zartbitterschokolade
    (50–70 % Kakaogehalt), fein gehackt
1 EL Kokosraspel

Für den Mürbeteig Butter, Puderzucker und Mehl zu einer krümeligen Masse verreiben. Das Wasser hinzufügen und alles zu einem glatten Teig zusammenfügen. In Frischhaltefolie eingewickelt etwa 30 Minuten im Kühlschrank ruhen lassen.

Den Backofen auf 185 Grad vorheizen. Den Mürbeteig ausrollen und kleine rechteckige Kuchen- oder Tarteletteformen damit auskleiden. Den Boden mit einer Gabel einstechen, mit Backpapier belegen und mit getrockneten Bohnen beschweren. Die Teigböden in der Mitte des vorgeheizten Ofens 10–12 Minuten blind backen. Herausnehmen und abkühlen lassen. Die Bohnen entfernen, die Teigböden aus den Formen lösen und auf eine Platte setzen.

Für die Füllung die Vanillestange aufschlitzen, das Mark auskratzen und dieses (oder den Vanillezucker) zusammen mit dem Puderzucker und den Eigelben in eine Schüssel füllen (die ausgekratzte Vanillestange zum Rahm geben). Die Eigelb-Puderzucker-Mischung über einem heißen Wasserbad hell und schaumig aufschlagen. Vom Herd nehmen und weiterschlagen, bis die Masse abgekühlt ist.

Die Vanillestange aus dem Rahm nehmen. Den Rahm sehr steif schlagen, unter die Eigelbmasse heben und in einen Spritzbeutel mit Sterntülle füllen.

Die Himbeerkonfitüre auf den Teigböden verteilen, die Eismasse daraufspritzen und etwa 6 Stunden gefrieren lassen.

123

Die Schokolade über einem heißen Wasserbad oder in mehreren Intervallen in der Mikrowelle schmelzen. Die Oberseite der Küchlein in die Schokolade tunken und mit Kokosraspeln bestreuen.

Schwedische Eisboote mit Himbeerfüllung

HIMBEER-MILCHSHAKE

Für 4 Gläser

1 l Vanilleeis (siehe Seite 12)
120 g Himbeeren
200 ml Milch
50 ml Schokoladensauce (siehe Seite 142)
einige Himbeeren zum Garnieren

Vanilleeis, Himbeeren und Milch mixen.

Wenig Schokoladensauce in vier große Servier-
gläser träufeln und den Milchshake hineingießen. Mit Himbeeren garnieren.

VANILLE-MILCHSHAKE

Für 4 Gläser

1 l Vanilleeis (siehe Seite 12)
200 ml Milch
50 ml Karamellsauce (siehe Seite 142)
½ TL ungesüßtes Kakaopulver
4 Erdbeeren und 4 Minzeblätter zum
  Garnieren

Vanilleeis und Milch mixen.

Wenig Karamellsauce in vier große Servier-
gläser träufeln und den Milchshake
hineingießen. Mit Kakao bestäuben und
mit Erdbeeren und Minze garnieren.

PIÑA-COLADA-MILCHSHAKE

Für 4 Gläser

1 l Vanilleeis (siehe Seite 12)
200 ml Ananassaft
200 ml Kokosmilch
4 Scheiben frische Ananas
Kokosraspel zum Garnieren
Kakao zum Bestäuben

Vanilleeis, Ananassaft und Kokosmilch
mixen. In hohe Gläser füllen und mit
frischer Ananas und Kokosraspeln garnieren.
Mit etwas Kakao bestäuben.

Tipp: Lecker ist auch die Zugabe von etwas
Kokoslikör (Malibu) oder braunem Rum.

Himbeer-Milchshake

SPEZIELLE EISSORTEN

In diesem Kapitel stelle ich Ihnen Rezepte ohne Ei oder Laktose vor. Wenn in den Rezepten statt Kuhmilch Soja- oder Hafermilch verwendet wird, muss diese zuvor nicht aufgekocht werden, es sei denn, die gesamte Eismasse wird gekocht. Das Eis wird ein wenig »eisiger« als gewöhnliches Eis, da es weniger Fett enthält.

Wenn Sie ein cremigeres Eis wünschen, können Sie der Eismasse ein eingeweichtes Gelatineblatt hinzufügen oder aber Eissorten mit Bananen wählen, wie zum Beispiel das Rohschokoladen-Bananen-Eis oder das Creamy Tropical auf der Seite 133.

Zudem finden Sie in diesem Kapitel noch einige Joghurteiscremes ohne Ei, die sehr einfach herzustellen sind, und ein einfaches Rezept für selbst gemachte Hafermilch.

Joghurteis

BLAUBEER-JOGHURTEIS MIT CRUNCHY-MÜSLI

Für 10 Portionen

1 Vanillestange
150 ml Wasser
200 g Zucker
70 g Honig
300 g griechischer Joghurt
400 g Naturjoghurt
200 g Blaubeerkonfitüre (siehe Seite 153)
120 g Crunchy-Müsli
120 g frische oder tiefgekühlte Blaubeeren

Die Vanillestange längs aufschlitzen und das Mark herauskratzen. Vanillestange samt Mark, Wasser, Zucker und Honig ein paar Minuten unter gelegentlichem Umrühren köcheln lassen, bis der Zucker aufgelöst ist. Vom Herd nehmen und abkühlen lassen. Den Joghurt unterrühren und alles in der Eismaschine gefrieren lassen. Das Eis vor dem Servieren mindestens 1 Stunde tiefkühlen.

Blaubeerkonfitüre, Joghurteis und Müsli abwechselnd in Gläser schichten. Mit Blaubeeren bestreuen und servieren (Bild Seite 126).

HIMBEER- UND BROMBEER-JOGHURTEIS

Dieses Rezept eignet sich auch für Preiselbeeren, Erdbeeren oder schwarze Johannisbeeren. Erdbeeren müssen nicht passiert, sondern nur püriert werden.

Für 8–10 Portionen

1 Blatt Gelatine
150 ml Wasser
200 g Zucker
40 g Glukose oder Honig
350 g Rahmjoghurt
300 g Himbeer- oder Brombeerpüree von pürierten, passierten Beeren

Die Gelatine 5–10 Minuten in einer Schale mit kaltem Wasser einweichen. Wasser, Zucker und Glukose oder Honig erhitzen, bis der Zucker aufgelöst ist. Dann vom Herd nehmen. Die ausgedrückte Gelatine unter Rühren in der heißen Flüssigkeit auflösen und diese vollständig auskühlen lassen. Dann Joghurt und Beerenpüree hinzufügen. Alles in der Eismaschine zu einem festen, cremigen Eis gefrieren. Das Eis vor dem Servieren mindestens 1 Stunde tiefkühlen.

Tipp: Wenn Sie etwas mehr Säure im Eis wünschen, können Sie noch ein paar Tropfen Zitronensaft unter den Zuckersirup rühren.

VANILLE-JOGHURTEIS

Für 8–10 Portionen

1 Blatt Gelatine
1 Vanillestange
150 ml Wasser
240 g Zucker
40 g Glukose oder Honig
350 g Rahmjoghurt
300 g Naturjoghurt

Die Gelatine 5–10 Minuten in einer Schale mit kaltem Wasser einweichen. Die Vanillestange längs aufschlitzen und das Mark herauskratzen. Vanillestange und Mark mit Wasser, Zucker und Glukose oder Honig in einen Topf geben, aufkochen und köcheln lassen, bis der Zucker aufgelöst ist. Vom Herd nehmen. Die ausgedrückte Gelatine unter Rühren in der heißen Flüssigkeit auflösen und diese vollständig auskühlen lassen; die Vanillestange entfernen. Rahmjoghurt und Naturjoghurt hinzufügen und alles in der Eismaschine zu einem festen, cremigen Eis gefrieren lassen. Das Eis vor dem Servieren mindestens 1 Stunde tiefkühlen.

MANGO-JOGHURTEIS

Für 8–10 Portionen

1 Blatt Gelatine
150 ml Wasser
200 g Zucker
40 g Glukose oder Honig
350 g Rahmjoghurt
300 g Mangopüree von reifen, pürierten frischen Mangos oder (tiefgekühlt) fertig gekauft

Die Gelatine 5–10 Minuten in einer Schale mit kaltem Wasser einweichen. Wasser, Zucker und Glukose oder Honig erhitzen, bis der Zucker aufgelöst ist. Vom Herd nehmen. Die ausgedrückte Gelatine unter Rühren in der heißen Flüssigkeit auflösen und diese vollständig auskühlen lassen. Dann Joghurt und Mangopüree hinzufügen. Alles in der Eismaschine zu einem festen, cremigen Eis gefrieren lassen. Das Eis vor dem Servieren mindestens 1 Stunde tiefkühlen.

Eiscremes ohne Ei oder Milch

CREAMY TROPICAL

Diese Eiscreme ohne Eier und Milch schmeckt besonders gut mit gerösteten Kokosraspeln (siehe Seite 145) und frischer Ananas.

Für 8 Portionen

3 Passionsfrüchte
40 g Zucker
2 EL Honig
150 ml Wasser
1 Banane
500 g reife Mango
400 ml Kokosmilch

Das Fruchtfleisch aus den Passionsfrüchten schaben. Zusammen mit Zucker, Honig und Wasser aufkochen und einige Minuten kochen lassen. Vom Herd nehmen und abkühlen lassen.

Banane und Mangos schälen und klein würfeln. Mit der Kokosmilch pürieren. Den abgekühlten Passionsfruchtsirup darunterrühren. In der Eismaschine zu einem festen, cremigen Eis gefrieren. Dann 1–2 Stunden tiefkühlen.

ROHSCHOKOLADEN-BANANEN-EIS

Für 6–8 Portionen

4 Bananen
2 EL Agavendicksaft oder flüssiger Honig
3 EL roher Kakao
1 TL frisch geriebener Ingwer
200 g Sojajoghurt mit Vanillegeschmack
1 EL gehackte rohe Schokolade (Zartbitterschokolade mit 80 % Kakaogehalt) oder Kakaonibs (geröstete, gebrochene Kakaobohnen) und Minze zum Garnieren

Die Bananen mit Agavendicksaft oder Honig und Kakao pürieren. Ingwer und Joghurt hinzufügen und weiter pürieren. Die Masse in einen Behälter füllen und 4–5 Stunden tiefkühlen. Dabei gelegentlich umrühren. Mit gehackter Schokolade oder Kakaonibs und Minze servieren.

Creamy Tropical

AVOCADOEIS

Die Zutaten für dieses Eis habe ich mir von einer Vacherin glacé, einer Baiser-Eistorte, abgeschaut, die ich in den 1980er-Jahren häufig zubereitet habe. Damals habe ich statt Zitronensaft Weißwein verwendet und das Avocadoeis als Füllung zwischen zwei Baiserböden verteilt.

40 g Zucker
70 g Honig
200 ml Wasser
3 Avocados
1 Banane
1 Zitrone, Saft
100 g Erdbeeren
35 g Baiser

134

Zucker, Honig und Wasser aufkochen und abkühlen lassen. Die Avocados schälen und entsteinen. Banane und Avocado mit dem Zitronensaft fein pürieren und unter den Honigsirup rühren. In der Eismaschine zu einem festen, cremigen Eis gefrieren lassen.

Die Erdbeeren klein würfeln und das Baiser grob zerstoßen. Beides vermengen, abwechselnd Eis und Baisermischung in einen Behälter schichten und 1–2 Stunden tiefkühlen.

KULFI

Für 8–10 Portionen

1 TL Butter
1 Vanillestange
2 l Milch
1 Zimtstange
2 TL zerstoßene Kardamomkerne
250 ml Rahm (Sahne)
2 EL lösliches Kaffeepulver
80 g Zucker
40 g gehackte Zartbitterschokolade
40 g zerstoßene Pistazien
evtl. ein paar Tropfen Rosenwasser

Die Butter in einem großen Topf schmelzen. Die Vanillestange längs aufschlitzen und das Mark herauskratzen. Die Milch mit Zimtstange, Kardamom, Vanillestange und Vanillemark in einem Topf aufkochen und unter Rühren etwa 40 Minuten auf 1 Liter Flüssigkeit einkochen. Rahm, Kaffeepulver, Zucker und Schokolade hinzufügen und rühren, bis der Zucker aufgelöst ist. Dann abseihen und abkühlen lassen. Die Pistazien beifügen und nach Belieben mit Rosenwasser verfeinern.

Die Masse in konische Eistüten füllen (siehe Tipp) und diese in leere Eierkartons oder Gläser stellen. Mindestens 6 Stunden tiefkühlen. 10–15 Minuten vor dem Servieren aus dem Tierkühler nehmen und bei Zimmertemperatur antauen lassen.

Tipp: Eistüten kann man auch einfach selbst aus fester, stabiler Kunststofffolie (z. B. Overhead-Folie) herstellen und mit Klebstreifen fixieren.

BIRNEN-JOGHURTEIS

Für 8–10 Portionen

1 Blatt Gelatine
½ Vanillestange
150 ml Wasser
200 g Zucker
40 g Glukose oder Honig
350 g Rahmjoghurt
300 g Birnenpüree von geschälten, wei-
    chen, reifen Birnen, mit 1 EL Zitronen-
    saft und 1 EL Zucker püriert

Die Gelatine 5–10 Minuten in einer Schale
mit kaltem Wasser einweichen. Die Vanillestange längs aufschlitzen und das Mark herauskratzen. Vanillestange und -mark mit Wasser,
Zucker und Glukose oder Honig in einen
Topf geben, aufkochen und köcheln, bis der
Zucker aufgelöst ist. Dann vom Herd nehmen.
Die ausgedrückte Gelatine unter Rühren in
der heißen Flüssigkeit auflösen und diese
vollständig auskühlen lassen; die Vanillestange
entfernen. Dann Joghurt und Birnenpüree
hinzufügen. Alles in der Eismaschine zu einem
festen, cremigen Eis gefrieren lassen. Das
Eis vor dem Servieren mindestens 1 Stunde
tiefkühlen.

Tipp: Der Zitronensaft im Birnenpüree sorgt
dafür, dass das Püree seine Farbe behält,
der Zucker verstärkt seinen Geschmack.

BANANEN-JOGHURTEIS AM STIEL

Ein herrlich cremiges Eis am Stiel ohne Ei

Für 6 Stück

2 reife Bananen
2 EL Zucker
50 ml gezuckerte Kondensmilch
250 g griechischer Joghurt
1 EL gehackte Zartbitterschokolade
    (50–70 % Kakaogehalt)

ÜBERZUG
ca. 75 g Zartbitterschokolade
    (50–70 % Kakaogehalt), gehackt
2 EL gehackte Pistazien

Die Bananen schälen und längs sowie quer
mittig halbieren. Die Stücke in eine heiße
Pfanne geben, mit dem Zucker bestreuen und
diesen schmelzen lassen, bis sich die Bananen
hellbraun verfärbt haben. Aus der Pfanne
nehmen, in einen tiefen Teller geben und zerdrücken. Mit Kondensmilch, Joghurt und
der gehackten Schokolade vermengen. In
Eisformen füllen, Eisstiele einsetzen und über
Nacht tiefkühlen.

Die Formen kurz mit lauwarmem Wasser abspülen und das Eis herauslösen. Auf eine
Platte legen und zurück ins Gefrierfach stellen.

Für den Überzug die Schokolade schmelzen.
Die Spitze des Eises in die Schokolade tunken
und mit Pistazien bestreuen; den unteren
Teil zur Dekoration noch mit wenig Schokolade beträufeln.

Bananen-Joghurteis am Stiel

Soja-Eiscreme und Hafer-Eiscreme

SOJA-VANILLEEIS

Eis aus Sojamilch wird nicht ganz so cremig wie gewöhnliches Vanilleeis, da es weniger Fett enthält. Deshalb schmilzt es auch viel schneller. Wenn man das Eis nach der Verarbeitung in der Eismaschine länger als 1–2 Stunden tiefkühlt, wird es sehr hart. Lassen Sie es daher vor dem Servieren ein paar Minuten bei Zimmertemperatur antauen.

Für 6 Portionen

1 Vanillestange
400 ml Sojamilch
250 ml Sojarahm
4 Eigelb
120 g Zucker
2 TL Speisestärke

Die Vanillestange längs aufschlitzen und das Mark herauskratzen. Vanillestange und -mark in einen Topf geben. Sojamilch und -rahm zugießen, dann Eigelbe, Zucker und Speisestärke darunterrühren. Unter Rühren auf 85–90 Grad erhitzen, bis die Masse zu stocken beginnt. Den Topf in einem eiskalten Wasserbad abkühlen. Die Masse abseihen und vollständig auskühlen lassen. In der Eismaschine zu einem festen, cremigen Eis gefrieren.

SOJA-LAKRITZ-EIS

Nach dem Rezept für Soja-Vanilleeis zubereiten, die Eismasse allerdings mit 2 Esslöffeln Lakritzgranulat aufkochen.

SOJA-SCHOKOLADENEIS

1 Vanillestange
400 ml Sojamilch
250 ml Sojarahm
4 Eigelb
80 g Zucker
2 EL ungesüßtes Kakaopulver
1 EL kalter Espresso

Die Vanillestange längs aufschlitzen und das Mark herauskratzen. Vanillestange und -mark in einen Topf geben. Sojamilch und -rahm zugießen, dann Eigelbe, Zucker und Kakao darunterrühren. Unter Rühren auf 85–90 Grad erhitzen, bis die Masse zu stocken beginnt. Den Topf in einem eiskalten Wasserbad abkühlen. Den Espresso unterrühren. Die Masse abseihen und vollständig auskühlen lassen. In der Eismaschine zu einem festen, cremigen Eis gefrieren.

Tipp: Cremiger wird Soja- oder Hafereiscreme mit einem Blatt Gelatine. Und so geht's: Die Gelatine 5–10 Minuten in kaltem Wasser einweichen. Dann ausdrücken und unter Rühren in der heißen Masse auflösen.

HAFER-VANILLEEIS

Die Konsistenz dieser Eiscreme ist mit einem Sorbet vergleichbar, da es nicht so viel Fett enthält wie gewöhnliches Vanilleeis. Wenn man das Eis nach der Verarbeitung in der Eismaschine länger als 1–2 Stunden tiefkühlt, wird es sehr hart. Lassen Sie es daher ein paar Minuten vor dem Servieren bei Zimmertemperatur antauen.

Für 6 Portionen

1 Vanillestange
400 ml Hafermilch
250 ml Haferrahm
4 Eigelb
80 g Zucker
2 TL Speisestärke

Die Vanillestange längs aufschlitzen und das Mark herauskratzen. Vanillestange und -mark in einen Topf geben. Hafermilch und -rahm zugießen, dann Eigelbe, Zucker und Speisestärke darunterrühren. Unter Rühren auf 85–90 Grad erhitzen, bis die Masse zu stocken beginnt. Den Topf in einem eiskalten Wasserbad abkühlen. Die Masse abseihen und vollständig auskühlen lassen. In der Eismaschine zu einem festen, cremigen Eis gefrieren. Dann 1–2 Stunden tiefkühlen.

HAFERMILCH

Für dieses Rezept sollten Sie möglichst Bio-Haferflocken verwenden. Es ergibt etwa einen halben Liter Hafermilch.

50 g Bio-Haferflocken
750 ml Wasser
1½ EL neutrales Öl (z. B. Sonnenblumenöl)
1 Prise Salz

Die Haferflocken im Mixer fein mahlen. Wasser, Öl und Salz hinzufügen und alles ein paar Sekunden mixen. Durch ein Tuch oder ein feinmaschiges Sieb abseihen.

SAUCEN UND GARNITUREN

Verschönern und garnieren Sie Ihr selbstgemachtes Eis mit Saucen, Streuseln, Baiserrosetten und selbst gemachten Hippen!

In diesem Kapitel finden Sie diverse Saucenrezepte, etwa für Schokoladensauce, Karamellsauce und verschiedene Beerensaucen. Und als perfekte Begleiter zum Eis gibt es knusprige Kekse und Streusel in vielfältigen Variationen. Alle Rezepte werden mit natürlichen Zutaten zubereitet und sind damit um Längen besser und gesünder als fertig gekaufte Produkte.

Das Tüpfchen auf dem i sind verschiedene Baiserrezepte, zum Beispiel für kleine Vanillebaisers oder Lakritzbaisers, die man wunderbar aus dem von der Eisherstellung übrig gebliebenen Eiweiß zubereiten kann. Schließlich verrate ich Ihnen noch ein paar pfiffige Tipps, wie man zum Beispiel gewöhnliche Eistüten (Cornets) veredeln kann, indem man sie in Schokolade tunkt und mit Nüssen oder Kokosraspeln bestreut.

Saucen

SCHOKOLADENSAUCE

Für 8–10 Portionen
40 g ungesüßtes Kakaopulver
160 g Zucker
300 ml Wasser

Alle Zutaten in einem Topf verrühren. Aufkochen und 7–10 Minuten unter Rühren
köcheln lassen. Beim Abkühlen stockt die
Sauce leicht.

TRÜFFEL-SCHOKOLADEN-SAUCE

Diese Schokoladensauce erhält durch ein paar
Tropfen Trüffelöl ein ganz außergewöhnliches
Aroma. Selbstverständlich können Sie die
Sauce auch ohne Trüffelöl zubereiten.

100 g Zartbitterschokolade
200 ml Rahm (Sahne)
3–4 Tropfen schwarzes Trüffelöl
   (für alle, die das Besondere lieben)

Die Schokolade hacken und in eine Schüssel
geben. Den Rahm aufkochen, über die Schokolade gießen und rühren, bis die Schokolade
geschmolzen ist. Mit Trüffelöl abschmecken
und die Sauce heiß servieren.

FUDGE-SAUCE

Für 6–8 Portionen
150 ml Rahm (Sahne)
75 g Butter
80 g Farinzucker
75 g Zartbitterschokolade
   (60–70 % Kakaogehalt)

Rahm, Butter und Zucker aufkochen und ein
paar Minuten köcheln lassen. Dann vom
Herd nehmen. Die Schokolade hacken und
in eine Schüssel geben. Mit der heißen Rahmmischung übergießen und rühren, bis die
Schokolade geschmolzen ist.

KARAMELLSAUCE

Für 8–10 Portionen
200 ml Rahm (Sahne)
200 g Zuckerrübensirup
60 g Zucker

Rahm, Zuckerrübensirup und Zucker in einem
Topf mit dickem Boden aufkochen und unter
Rühren etwa 10 Minuten köcheln lassen, bis
eine sämige, hellbraune Sauce entstanden ist.

Tipp: Für eine Safran-Karamell-Sauce ½ g
Safranfäden zugeben und von Beginn an
mitkochen.

KINUSKI-SAUCE

Für 6–8 Portionen
100 g Butter
70 g dunkler Zuckerrübensirup
60 g Zucker
200 ml Rahm (Sahne)

Alles in einem großen Topf verrühren und schmelzen lassen. Dann aufkochen und 10–15 Minuten köcheln, bis die Sauce zu stocken beginnt.

DULCE-DE-LECHE-SAUCE

Die aus Südamerika stammende karamellähnliche Creme passt gut zu Eis und anderen Desserts.

1 Dose gezuckerte Kondensmilch (400 g)

Die ungeöffnete Dose in einem Topf mit Wasser bedeckt 3 Stunden köcheln, dabei immer wieder Wasser auffüllen. Dann das Wasser abgießen und die Dose 20–30 Minuten abkühlen lassen. Vorsichtig öffnen! Die Dose steht durch die Hitze unter Druck, es kann beim Öffnen spritzen.

LAKRITZ-KARAMELL-SAUCE

Für 10 Portionen
140 ml heller Zuckerrübensirup
80 g Zucker
200 ml Rahm (Sahne)
2 TL Lakritzgranulat
evtl. schwarze Lebensmittelfarbe

Zuckerrübensirup, Zucker, Rahm, Lakritzgranulat und nach Belieben Lebensmittelfarbe in einem Topf mit dickem Boden unter Rühren köcheln, bis die Sauce anzudicken beginnt.

HIMBEER-HOLUNDERBLÜTEN-SAUCE

Für 6–8 Portionen
225 g Himbeeren
3 EL Puderzucker
2 EL unverdünnter Holunderblütensirup
1 TL frisch gepresster Zitronensaft

Die Himbeeren mit einem Pürierstab fein pürieren. Puderzucker, Holunderblütensirup und Zitronensaft hinzufügen. Die Sauce durch ein Sieb passieren.

HIMBEER-, BROMBEER-, ERDBEERSAUCE

Für 6–8 Portionen
225 g Himbeeren, Brombeeren oder
   Erdbeeren
2–3 EL Puderzucker oder Zuckersirup
   (siehe Seite 144)
wenig Zitronensaft, nach Belieben

Beeren und Puderzucker oder Zuckersirup mit einem Pürierstab pürieren. Himbeerbzw. Brombeersauce durch ein Sieb passieren, Erdbeersauce braucht nicht passiert zu werden. Für etwas mehr Säure noch ein paar Tropfen Zitronensaft hinzugeben.

BLAUBEERSAUCE

Für 6–8 Portionen
200 g Blaubeerpüree von 225–300 g
    pürierten und passierten Blaubeeren
80 g Zucker
70 ml Wasser
2 EL Whisky

Alle Zutaten aufkochen und 4–5 Minuten
köcheln lassen. Für eine sämigere Sauce
1 TL Speisestärke mit etwas kaltem Wasser
glatt rühren und hinzufügen.

BIRNENSAUCE

Für 6–8 Portionen
200 g Birnenpüree von reifen, geschälten,
    pürierten Birnen
3 EL Zuckersirup (siehe rechts)
1–2 TL frisch gepresster Zitronensaft

Birnenpüree und Zuckersirup verrühren und
mit Zitronensaft je nach Süße der Birnen
abschmecken.

VANILLEBUTTERSAUCE

Für 6–8 Portionen
½ Vanillestange
200 ml Rahm (Sahne)
75–100 g Butter, zimmerwarm
200 g Zucker

Die Vanillestange längs aufschlitzen und das
Mark herauskratzen. Alle Zutaten in einem
Topf zu einer glatten Sauce einkochen. Etwas

144

abkühlen lassen und die Vanillestange entfernen. Diese Sauce lässt sich gut im Voraus
zubereiten und vor dem Servieren aufwärmen.

ZUCKERSIRUP

Für 500 ml Zuckersirup
250 g Zucker
250 ml Wasser
60 g Glukose oder flüssiger heller Honig

Zucker und Wasser aufkochen, bei Bedarf
abschäumen. Glukose oder Honig hinzufügen
und nochmals aufkochen. Vom Herd nehmen
und abkühlen lassen.

Streusel

VANILLESTREUSEL

75 g Butter
120 g Weizenmehl
40 g Zucker
2 TL Vanillezucker

Die Butter würfeln und in einer Schüssel mit
Mehl, Zucker und Vanillezucker krümelig
verreiben. Etwa 1 Stunde kühl stellen.

Den Backofen auf 175 Grad vorheizen. Die
Streusel auf einem mit Backpapier ausgelegten Blech verteilen und etwa 10–12 Minuten
im Ofen goldbraun backen. Herausnehmen
und auf dem Blech abkühlen lassen. Die
Streusel auseinanderbrechen, wenn sie zusam-
mengeschmolzen sind.

HASELNUSSSTREUSEL

80 g Zucker
2 EL Wasser
65 g Haselnüsse

Zucker und Wasser zu einem hellen Karamell kochen. Die Haselnüsse darunterheben. Alles sofort auf ein mit Backpapier ausgelegtes Blech geben und den Karamell fest werden lassen. In Stücke brechen und grob zerhacken, dann im Mixer zu feinen Streuseln zerkleinern.

ENERGIESTREUSEL

60 g getrocknete Blaubeeren
30 g getrocknete Gojibeeren
30 g Sultaninen
65 g Walnüsse, gehackt
50 g Kokosraspel, trocken geröstet

Alle Zutaten mischen. Passt sehr gut zu Vanilleeis oder Vanillejoghurteis.

KOKOSSTREUSEL

50 g Kokosraspel, trocken geröstet
60 g getrocknete Ananas, klein gehackt
60 g gesalzene Cashewkerne, gehackt

Alle Zutaten mischen. Passt besonders gut zu Schokoladeneis, Passionsfruchteis und Mango-sorbet.

ERDNUSSSTREUSEL

60 g gesalzene Erdnüsse, gehackt
60 g Sultaninen
50 g Zartbitterschokolade
   (60–70 % Kakaogehalt) oder 50 g
   Mini-Schokolinsen, gehackt

Alle Zutaten mischen. Passt besonders gut zu Schokoladen-, Vanille- oder Erdbeereis.

BLAUBEERSTREUSEL

60 g getrocknete Blaubeeren, falls nötig
   grob gehackt
65 g Haselnüsse, gehackt
70 g Sonnenblumenkerne, mit etwas Salz
   in einer trockenen Pfanne geröstet

Alle Zutaten mischen. Über Joghurt-, Vanille- oder Blaubeereis streuen.

KEKSSTREUSEL

10 Vanilletraum-Kekse (siehe Seite 153)
   oder Butterplätzchen
50 g Vollmilchschokolade, gehackt
65 g geschälte Mandeln, trocken geröstet

Die Kekse zerbröseln und mit Schokolade und Mandeln mischen.

ROSENZUCKER

Dafür werden die Blütenblätter von wilden (ungespritzten) Kartoffelrosen oder Gartenrosen auf Pergamentpapier verteilt und einige Tage auf einem Wäscheständer oder in der Sonne getrocknet.

20 g getrocknete Rosenblätter
80 g Rohzucker
wenig Rosenwasser, nach Belieben

Die Rosenblätter im Mixer oder Cutter fein zerkleinern, dann kurz mit dem Zucker mixen. Für zusätzlichen Rosengeschmack noch ein paar Tropfen Rosenwasser hinzufügen.

LAKRITZ-KROKANT-STREUSEL

Dieses Rezept ergibt eine ziemlich große Menge Streusel, lässt sich aber nicht gut in kleinerer Menge herstellen. Luftdicht und trocken aufbewahrt, hält er sich aber lange.

50 g Butter
120 g Zucker
70 g heller Zuckerrübensirup
2 TL Lakritzgranulat oder Rohlakritzpulver
75 g Vollmilchschokolade, gehackt

Butter, Zucker, Rübensirup und Lakritzgranulat in einem Topf mit dickem Boden bei geringer Hitze schmelzen, dann aufkochen und zu einem hellen Karamell einköcheln (auf 142 Grad erhitzen). Die Masse auf ein mit Backpapier ausgelegtes Blech gießen und

fest werden lassen. Den Krokant fein hacken und mit der gehackten Schokolade vermengen.

Baisers oder Meringues

VANILLEBAISERS

Für 50 kleine Rosetten

3 Eiweiß
1 TL frisch gepresster Zitronensaft
80 g Zucker
120 g Puderzucker
1 Vanillestange, ausgekratztes Mark, oder 1 TL Vanillezucker

Den Backofen auf 150 Grad vorheizen.

Eiweiß und Zitronensaft schaumig aufschlagen. Bei niedriger Geschwindigkeit die Hälfte des Zuckers darunterschlagen, dann den verbliebenen Zucker beifügen und auf höherer Stufe ein paar Minuten weiterschlagen. Den Puderzucker zusammen mit Vanillemark oder Vanillezucker dazusieben und mit einem Teigspatel unter den Eischnee heben. In einen Spritzbeutel mit Sterntülle füllen und kleine Rosetten auf ein mit Backpapier ausgelegtes Blech spritzen oder mit Hilfe von zwei Löffeln zu kleinen Häufchen auftragen. In der Mitte des vorgeheizten Ofens 3–4 Minuten backen, dann die Temperatur auf 100 Grad reduzieren und die Baisers 1 Stunde trocknen lassen.

Vanillebaisers und dreifarbige Mini-Baisers

DREIFARBIGE MINI-BAISERS

Für 150–200 Mini-Baisers

3 Eiweiß

1 TL Zitronensaft

80 g Zucker

120 g Puderzucker

1–2 EL Himbeerpüree von pürierten,
  passierten Himbeeren

1–2 EL Blaubeerpüree von pürierten,
  passierten Blaubeeren

Den Backofen auf 100 Grad vorheizen.
Eiweiß und Zitronensaft schaumig aufschlagen. Bei niedriger Geschwindigkeit die
Hälfte des Zuckers darunterschlagen, dann
den verbliebenen Zucker beifügen und auf
höherer Stufe ein paar Minuten weiterschlagen.
Den Puderzucker dazusieben und unterheben.

Die Masse auf drei Schüsseln verteilen. In
eine Schüssel das Himbeer-, in die zweite
das Blaubeerpüree geben und darunterheben.
Die Baisermassen in Einwegspritzbeutel
füllen und damit auf ein mit Backpapier ausgelegtes Blech Mini-Baisers spritzen. In der
Mitte des vorgeheizten Ofens 15–20 Minuten
backen. Gegen Ende der Backzeit aufpassen,
dass sie nicht zu braun werden.

ERDNUSSBAISERS

Für 80 Rosetten

250 ml Eiweiß

450 g Zucker

75 g Zartbitterschokolade
  (60–70 % Kakaogehalt), gehackt

60 g gesalzene Erdnüsse, gehackt

Den Backofen auf 130 Grad vorheizen.
Eiweiß und Zucker in einer Schüssel vermengen. Die Schüssel über ein heißes Wasserbad setzen und unter ständigem Schlagen
auf 55–60 Grad erhitzen (mit Thermometer
überprüfen). Die Schüssel vom Topf nehmen
und den Eischnee weiterschlagen, bis er
abgekühlt ist.

Die Schokolade über dem Wasserbad oder in
der Mikrowelle schmelzen. Die Hälfte
der Erdnüsse und die gesamte Schokolade
so unter die Baisermasse rühren, dass ein
Marmoreffekt entsteht. Die Masse mit zwei
Löffeln in kleinen Häufchen auf mit Backpapier ausgelegte Bleche setzen und mit den
verbliebenen Erdnüssen bestreuen.
Die Baisers auf der mittleren Schiene des
vorgeheizten Ofens etwa 35 Minuten backen.
Sie sollten innen noch etwas weich sein.
Herausnehmen und auf dem Blech abkühlen
lassen.

LAKRITZBAISERS UND -BAISER-
PLATTEN

Für 50 kleine Rosetten oder 3 Platten

3 Eiweiß

1 TL frisch gepresster Zitronensaft

80 g Zucker

120 g Puderzucker

½ EL Lakritzgranulat oder 1 EL Lakritz-
  pulver

Den Backofen auf 150 Grad vorheizen.
Eiweiß und Zitronensaft schaumig aufschla-
gen. Bei niedriger Geschwindigkeit die
Hälfte des Zuckers darunterschlagen, dann

den verbliebenen Zucker beifügen und auf höherer Stufe ein paar Minuten weiterschlagen. Puderzucker und Lakritze dazusieben und mit einem Teigspatel unter den Eischnee heben. In einen Spritzbeutel mit glatter Tülle füllen und kleine Tupfen auf ein mit Backpapier ausgelegtes Blech spritzen oder mit Hilfe von zwei Löffeln in kleinen Häufchen auftragen.

In der Mitte des Ofens 3–4 Minuten backen, dann die Temperatur auf 100 Grad reduzieren und 1 Stunde trocknen lassen.

Aus der Baisermasse lassen sich auch Platten herstellen. Die Masse auf mit Backpapier ausgelegten Blechen in der gewünschten Größe verstreichen. Im auf 150 Grad vorgeheizten Ofen 3–4 Minuten backen, dann die Temperatur auf 100 Grad reduzieren und die Platten etwa 10 Minuten trocken lassen.

Tipp: Die Lakritzbaiserplatten in Stücke zerteilen und mit Kugeln von Himbeereis (siehe Seite 12), frischen Himbeeren und Lakritz-Karamell-Sauce (siehe Seite 143) servieren.

BAISERBODEN FÜR EISTORTEN

Für 1 Boden
2 Eiweiß
½ TL frisch gepresster Zitronensaft
50 g Zucker
80 g Puderzucker

Den Backofen auf 150 Grad vorheizen. Eiweiß und Zitronensaft mit dem Handrührgerät schaumig schlagen. Bei niedriger Geschwindigkeit die Hälfte des Zuckers darunterschlagen, dann den verbliebenen Zucker beifügen und auf höherer Stufe ein paar Minuten weiterschlagen. Den Puderzucker dazusieben und mit einem Teigspatel unter den Eischnee heben. Die Masse in einen Spritzbeutel mit glatter oder Sterntülle füllen und einen kreisförmigen Boden von 22 cm Durchmesser auf ein mit Backpapier ausgelegtes Blech spritzen. In der Mitte des vorgeheizten Ofens etwa 4 Minuten backen, dann die Temperatur auf 100 Grad reduzieren und weitere 50–60 Minuten trocknen lassen. Auf einem mit Backpapier belegten Kuchengitter abkühlen lassen.

Tipp: Für eine Baiser-Eistorte einen Baiserboden in eine Springform legen. Mit Eiscreme nach Wahl auffüllen und glatt streichen. Einige Stunden gefrieren lassen. Mit Schlagsahne, Obst und frischen Beeren garnieren und sofort servieren.

Gebäck

HOHLHIPPEN

Für 20 Stück
100 g Butter, zimmerwarm
100 g Puderzucker, gesiebt
100 g Weizenmehl (Type 550), gesiebt
100 g Eiweiß, zimmerwarm

Butter, Puderzucker und Mehl zu einem glatten Teig verrühren. Nach und nach das Eiweiß darunterarbeiten und zuletzt mit dem Handrührgerät kurz aufschlagen.

Den Teig dünn in Kreisen von 10–11 cm Durchmesser auf einem mit Backpapier ausgelegten Blech auftragen, jeweils etwa 6 Stück pro Blech, damit nach dem Backen genügend Zeit bleibt, sie aufzurollen, bevor sie zu fest werden. Im vorgeheizten Ofen 6–7 Minuten backen; gegen Ende der Backzeit gut überwachen: Sie sollten an den Rändern nur hellbraun sein, sonst sind sie zu fest und lassen sich nicht rollen. Herausnehmen, möglichst rasch zu Tüten einrollen und in Behälter passender Größe gestellt fest werden lassen.

EISTÜTEN MIT SCHOKOLADEN-RAND

Schokolade hacken und über einem heißen Wasserbad oder in der Mikrowelle schmelzen. Pistazien oder andere Nüsse hacken. Die Eistüten kopfüber in die Schokolade tunken und dann mit Nüssen oder Kokosraspeln bestreuen. Auf Backpapier fest werden lassen.

SCHOKOLADENKEKSE

Für 80 Stück
100 g Butter
400 g Zartbitterschokolade
    (50–70 % Kakaogehalt), gehackt
120 g Zucker
3 Eier
3 TL Vanillezucker
4 EL Puderzucker
1 Prise Salz
½ TL Backpulver
200 g Weizenmehl
Puderzucker zum Wälzen

Den Backofen auf 175 Grad vorheizen. Butter und Schokolade zusammen über einem heißen Wasserbad oder in der Mikrowelle schmelzen. Die Schüssel vom Wasserbad nehmen, den Zucker und dann nach und nach die Eier unterrühren. Alle weiteren Zutaten mischen und unter die Eimasse heben. Den Teig zu kleinen Kugeln formen, in Puderzucker wälzen und mit etwas Abstand auf mit Backpapier ausgelegte Bleche setzen. 10 Minuten ruhen lassen und anschließend 8–10 Minuten in der Mitte des Ofens backen. Auf einem Kuchengitter auskühlen lassen und nach Belieben nochmals mit Puderzucker bestäuben.

SCHWEDISCHE KNUSPERKEKSE

Für 20 Stück

50 g Butter, zimmerwarm
50 g Zucker
50 g Glukose
50 g Weizenmehl
50 g geschälte, gehackte Haselnüsse,
    Mandelblättchen oder Kokosraspel

Den Backofen auf 175 Grad vorheizen. Butter, Zucker und Glukose verrühren. Mehl sowie Nüsse, Mandeln oder Kokosraspel darunterheben. Den Teig zu Kugeln formen und mit ausreichend Abstand auf mit Backpapier ausgelegte Bleche setzen; sie laufen beim Backen auseinander. In der Mitte des vorgeheizten Ofens etwa 8 Minuten backen. Auf dem Backblech abkühlen lassen.

Birnenjoghurteis mit Schokoladenkeksen

KLADDKAKA

Schwedischer Klebekuchen

Für 10 Stücke

2 Eier
240 g Zucker
100 g Butter, geschmolzen
1 TL Vanillezucker
4 EL ungesüßtes Kakaopulver
1 Prise Salz
120 g Weizenmehl

Den Backofen auf 200 Grad vorheizen. Eine
Springform von etwa 22 cm Durchmesser
mit Butter einfetten und bemehlen.
Eier und Zucker schaumig schlagen. Die
geschmolzene Butter unterziehen, dann
alle trockenen Zutaten darunterrühren. Den
Teig in die Form füllen und in der Mitte
des vorgeheizten Ofens 16–18 Minuten
backen. Aus dem Ofen nehmen und abkühlen
lassen. Vor dem Servieren ein paar Stunden
in den Kühlschrank stellen, so wird der
Kuchen fester.

SHORTCAKES

Für 40 Stück

300 g Weizenmehl
200 g Butter
100 g Zucker
2 Eigelb
2 TL Vanillezucker

Den Backofen auf 175 Grad vorheizen.
Mehl, Butter und Zucker zu einem krümeligen Teig verarbeiten. Eigelbe und Vanillezucker unterrühren. Den Teig in Frischhaltefolie eingewickelt 1 Stunde im Kühlschrank
ruhen lassen. Dann auf einer bemehlten
Arbeitsfläche 1½ cm dick ausrollen. Den Teig
auf ein mit Backpapier ausgelegtes Blech
legen und weiter ausrollen, bis er fast das
gesamte Blech ausfüllt. Im vorgeheizten Ofen
15–20 Minuten backen. Herausnehmen und
in Rechtecke von 4 x 1½ cm Seitenlänge
schneiden.

SCHOKOLADEN-COOKIES

Ergibt 30 Stück

225 g Butter, zimmerwarm
200 g Rohzucker oder heller Muskovado-
    Zucker
160 g Zucker
2 Eier
1 TL Vanillezucker
400 g Weizenmehl
1 TL Backpulver
150 g Zartbitterschokolade
    (60–70 % Kakaogehalt)
150 g Erdnüsse, Pekannüsse oder
    Walnüsse

Den Backofen auf 175 Grad vorheizen.
Butter, Rohzucker, Zucker, Eier und Vanillezucker verrühren. Mehl und Backpulver
mischen und unter den Teig rühren. Schokolade und Nüsse grob hacken und daruntermengen.
Den Teig in 30 Portionen teilen, diese jeweils
zu Kugeln formen, auf mit Backpapier ausgelegte Bleche verteilen und etwas flach
drücken. In der Mitte des vorgeheizten Ofens
12–15 Minuten backen. Die Plätzchen auf
einem Kuchengitter abkühlen lassen.

VANILLETRÄUME

Für 40–50 Stück
200 g Butter, zimmerwarm
200 g Zucker
300 g Weizenmehl
2 TL Vanillezucker
½ TL Hirschhornsalz

Den Backofen auf 150 Grad vorheizen. Butter und Zucker luftig und cremig aufschlagen. Mehl, Vanillezucker und Hirschhornsalz mischen und unter den Teig heben. Den Teig zu kleinen Kugeln formen und auf ein mit Backpapier ausgelegtes Blech setzen. In der Mitte des vorgeheizten Ofens 15 Minuten backen. Die Plätzchen auf dem Backblech auskühlen lassen.

Konfitüren

PREISELBEERKONFITÜRE OHNE KOCHEN

Für 1 Glas
225 g Preiselbeeren
80 g Zucker

Preiselbeeren und Zucker in einer großen Schüssel rühren, bis der Zucker aufgelöst ist. Tiefgekühlte Beeren bereits am Vorabend aus dem Gefrierfach nehmen, den Zucker darübergeben und mit Frischhaltefolie abgedeckt über Nacht bei Zimmertemperatur auftauen lassen. Dann rühren, bis der Zucker aufgelöst ist. Die Konfitüre in ein sterilisiertes Glas füllen.

MOLTEBEERKONFITÜRE

Für 1 Glas
225 g Moltebeeren (siehe Tipp)
2 EL Wasser
60 g Zucker

Moltebeeren, Wasser und Zucker ein paar Minuten kochen. Die fertige Konfitüre in ein sterilisiertes Glas füllen.

Tipp: Die aromatischen bitter-säuerlichen Moltebeeren sind mit der Brombeere verwandt und wachsen nur in Skandinavien, Finnland und Teilen Russlands. Sie werden nicht kultiviert, sondern wild gesammelt. Bei uns sind sie nur schwer erhältlich, allenfalls tiefgekühlt bei Anbietern skandinavischer und finnischer Produkte oder im Online-Handel.

153

BLAUBEERKONFITÜRE

Für 1 Glas
225 g Blaubeeren
2 EL Wasser
120 g Zucker
40 g Gelierzucker

Die Beeren in einen Topf füllen und das Wasser hinzufügen. 5 Minuten kochen lassen und gelegentlich umrühren. Zucker und Gelierzucker hinzugeben und weitere 5 Minuten kochen, dabei gelegentlich umrühren. Die fertige Konfitüre in ein sterilisiertes Glas füllen.

REZEPTVERZEICHNIS

DANKSAGUNG

Dem Verlag Natur & Kultur danke ich dafür, dass ich dieses Buch machen durfte. Tausend Dank an die Verlegerin Maria Nilsson: Danke, dass du an mich geglaubt hast und mir diesen neuen aufregenden Auftrag so begeistert übertragen hast. Dank auch an die wunderbare, versierte und geduldige Lektorin Elisabeth Fock und die Grafikerin Petra Waldersten: Es ist immer wieder inspirierend, aufregend und schön, mit euch zu arbeiten! Der Fotografin Anna Kern: Danke dafür, dass du dieses Buch mit deinen fantastischen Bildern bereichert hast und dass du so einfach und nett im Umgang bist. Unglaublich, dass alles so gut lief, obwohl der Gefrierschrank mitten in der Buchproduktion kaputtging.

Mama: Danke für alles! Ohne deine Hilfe wäre ich aufgeschmissen gewesen ... sei umarmt!

Die Originalausgabe dieses Buches ist unter dem Titel »Glass« 2012 bei Natur & Kultur, Stockholm, erschienen.
Copyright © 2012 Elisabeth Johansson sowie Natur & Kultur, Stockholm.

Aus dem Schwedischen übersetzt von Melanie Schirdewahn

2. Auflage, 2014

© 2013
AT Verlag, Aarau und München
Grafische Gestaltung: Petra Waldersten
Fotos: Anna Kern
Repro: Turbin
Druck: Livonia Print, Latvia

Printed in Latvia

ISBN 978-3-03800-739-5

www.at-verlag.ch